"For at lette kontrollen …"

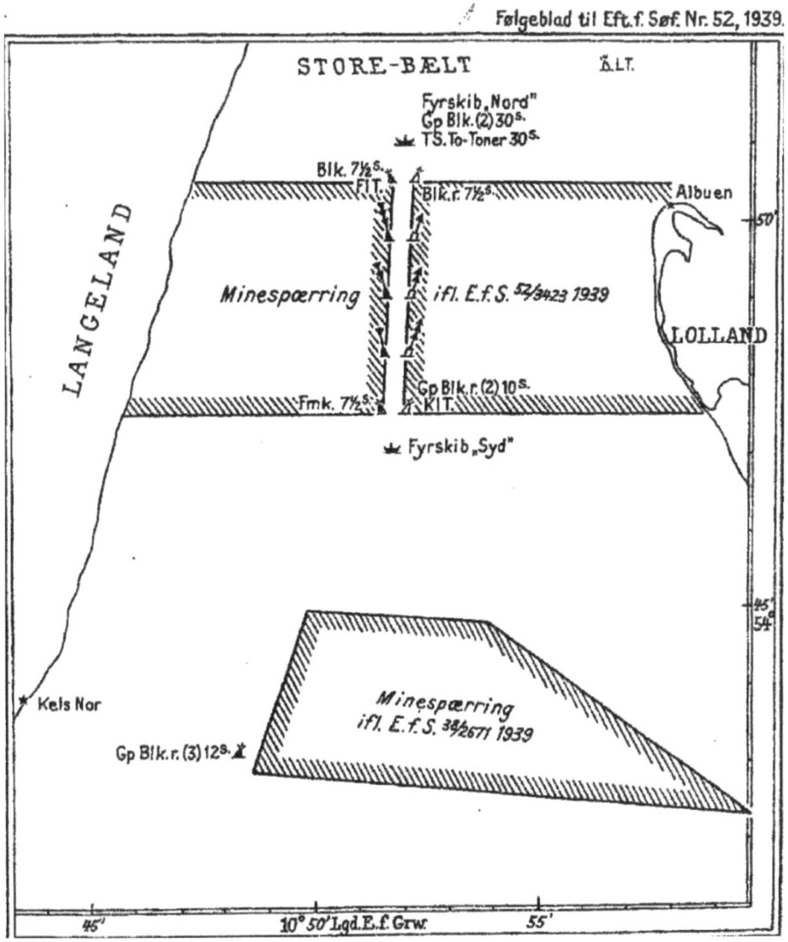

Følgeblad til Eft. f. Søf. Nr. 52, 1939.

STORE-BÆLT   B.LT.

Fyrskib "Nord"
Gp Blk.(2) 30ˢ·
TS. To-Toner 30ˢ·

Blk. 7½ˢ·
FIT.   Blk.r. 7½ˢ·   Albuen

LANGELAND

Minespærring   ifl. E.f.S. 52/3423 1939

LOLLAND

Gp Blk.r.(2) 10ˢ·
Fmk. 7½ˢ·   KIT.

Fyrskib "Syd"

Kels Nor

Minespærring
ifl. E.f.S. 34/2671 1939

Gp Blk.r.(3) 12ˢ·

45'   10° 50' Lgd. E.f. Grw.   55'

Kort over de to danske og et af de tyske spærreområder i
Storebælt, bragt i Efterretninger for Søfarende d. 20. no-
vember 1939.

Det kgl. Bibliotek.

Til Dorete,

Karine, Malene, Tore, Eske og Sune

Jens Erik Christiansen

"For at lette kontrollen …"

En undersøgelse af baggrunden for at Danmark i efteråret og vinteren 1939-40 udlagde spærringer i adgangsvejene til Østersøen – samt en gennemgang af de tyske og danske spærringer.

© 2021 – Jens Erik Christiansen
Forlag: BoD – Books on Demand, Hellerup, Danmark
Tryk: BoD – Books on Demand, Norderstedt, Tyskland

ISBN 978-87-4303-310-3

Indhold.

Bogen er delt op i følgende hovedafsnit

Forord. S. 7.

Indledning. S. 8.

Definitioner og anvendte forkortelser. S. 9.

Begivenhedsforløbet. S. 11.
Der er i dette afsnit ikke anført kilder. De er oplyst i næste afsnit.

Kildematerialet. S. 16.

'Logbog'. S. 19.
Foruden en omtale af nogle begivenheder i perioden 1914 – 1938 indeholder dette afsnit en gennemgang af tysk og dansk kildemateriale om emnet fra 31. august 1939 til 5. januar 1940.

Jeg har valgt at oversætte de tyske tekster til dansk, vel vidende at enhver oversættelse indebærer en eller anden grad af fortolkning. Det er imidlertid min overbevisning, at teksterne fremtræder rimeligt retvisende. Enkelte tyske tekster, der forekommer mig centrale, er ikke blot refereret, men gengivet fuldt ud. Dette er angivet med enkelt citationstegn ('tekst'). Enkelte af de anvendte tyske ord/udtryk er anført i parentes i teksten.

Diskussion. S. 60.
Følgende spørgsmål diskuteres:

- Opererede andre ubåde end tyske i Østersøens vestlige del i efteråret 1939? S. 60.
- Var det i givet fald engelske ubåde? S. 61.

- Var 'venligtsindede' ubåde på spil? S. 66.
- Blev tyske fartøjer udsat for angreb med torpedoer? S. 67.
- Var kravet om lukning af Østersø-indgangene et led i forbe-
  redelserne til besættelsen af Norge og Danmark? S. 69.
- Var der tale om et tysk krav? S. 71.

Det videre forløb. S. 74.
En kort omtale af forløbet efter d. 9. april 1940.

Spærringerne. S. 75.
  De tyske spærringer. S. 75.
- Grosser Belt-Sperre ('Grosser Bär') S. 81.
- Kleiner Belt-Sperre)'Kleiner Bär') S. 83.
- Ubootabwehr-Sperre ('Jade') S. 84.
- Sperrung Gjedser-Enge S. 92.

De danske spærringer. S. 96.
- Storebælt-spærringen S. 99.
- Lillebælt-spærringen S. 101.
- Spærringerne i Bælterne kræves udvidet S. 102.
- Grønsund-spærringen S. 104.
- Als Sund-spærringen S. 107.
- Planlagt spærring sydøst for Amager S. 108.

Kilder og anvendt litteratur. S. 110.

Noter. S. 116.

Forord.

Denne undersøgelse er en udvidelse af min besvarelse af prisopgaven, som 'Maritim Kontakt – Kontaktudvalget for Dansk Maritim Historie- og Samfundsforskning' udskrev i 2010.

Besvarelsen kaldte jeg "I nabovenligt samarbejde" med undertitlen: "En undersøgelse af baggrunden for at Tyskland i november 1939 krævede adgangsvejene til Østersøen spærret". I et tillæg blev de tyske spærreforanstaltninger i 1939 gennemgået med undtagelse af 'Sund-Sperre' ('Undine') ved den sydlige indgang til Øresund.

Artiklen blev trykt som et hæfte i et lille oplag og uddelt til familie, venner og bekendte.

Undersøgelse fra 2010 er her udvidet til også at omfatte de danske myndigheders reaktion på det tyske krav samt en gennemgang af de danske spærringer.

Nivå, juli 2021
Jens Erik Christiansen

Indledning.

Den 20. november 1939 udsendte Det danske Marineministerium gennem Ritzaus Bureau følgende bekendtgørelse:

"For at lette Kontrollen med Overholdelsen af Neutralitetsbe-stemmelserne af 31. maj 1938 er det besluttet – ligesom det allerede er sket for Øresunds Vedkommende[1] – at udlægge Minespærringer tværs over Bælterne mellem Langeland og Lolland og mellem Als og Ærø. Udlægningen vil ske i dansk territorialt Farvand, og der vil i begge Bælter blive etableret afmærkede Sejlløb til Gennemfart saa-vel ved Nat som ved Dag. Der vil saaledes være Sejlløb aabent for alle Skibe. Endvidere vil saadanne Minespærringer blive udlagt ved de vestlige Adgange til Smaalandsfarvandet.

Nærmere Meddelelse om Minespærringernes Beliggenhed, Af-mærkning, Lodsning m.m. vil fremkomme i Efterretninger for Søfa-rende."

At udlægningen skete efter tysk henvendelse, der diplomatisk var formuleret som en forespørgsel, men var ment og også fra dansk side umiddelbart blev opfattet som et krav, søgtes hemmeligholdt.

Denne undersøgelse har til formål at klarlægge, hvorfor Tyskland helt uventet og 2½ måned efter krigsudbruddet fremsatte krav om, at Danmark lukkede de danske adgangsveje til Østersøen og den danske reaktion på dette.

Definitioner
og forkortelser m.m.

Definitioner:

Der er i undersøgelsen anvendt følgende definitioner:

Spærreområde: Et afgrænset havområde, hvis udstrækning ifølge
"Haagerkonventionen af 18. oktober1907 om udlægning af undersø-
iske selvvirkende stødminer", skulle offentliggøres sammen med en
advarsel om, at det var farligt at besejle området. For Danmarks ved-
kommende skete det officielt i publikationen 'Efterretninger for Sø-
farende'.

Spærring: De søminer eller ubådsnet, der blev lagt i en eller flere
linjer eller rækker inden for et spærreområde. Udlægning af en mi-
nespærring skulle så vidt muligt foregå uobserveret for at hemmelig-
holde dens placering over for modstanderen. Derimod ville udlæg-
ning af en netspærring almindeligvis kunne observeres og de udlagte
net normalt erkendes gennem de bøjer, der holdt dem oppe.

Stikord: Den tyske Kriegsmarine anvendte udtrykket 'Stickwort' om
det signal/kodeord, der blev udsendt, når etablering af en forud plan-
lagt spærring skulle påbegyndes. Stikordet blev ofte brugt som be-
tegnelse for den enkelte spærring. Disse betegnelser er også anvendt
her i undersøgelsen.

Indre danske farvande: Københavns Havn og Red, Isefjord, Als
Fjord, Als Sund, Smålandsfarvandet, Farvandet syd for Fyn med ad-
gange samt Limfjorden.

Gedserstrædet: Farvandet mellem Gedser og halvøen Dars på Pom-
merns kyst. 'Gedserstrædet' er en fri oversættelse af den tyske be-
tegnelse 'Gedser Enge'.

England og engelsk er her synonyme med Storbritannien og britisk.

Forkortelser m.m.:

De tyske forkortelser er de af Kriegsmarine anvendte.

BSO: Befehlshaber der Sicherung der Ostsee.

EfS: Efterretninger for Søfarende.

KTB: Kriegstagebuch.

M.Gr.Ost: Marinegruppenkommando Ost (med hovedkvarter i Kiel).

Ob.d.M.: Oberbefehlshaber der Kriegsmarine. (på dette tidspunkt Grossadmiral Eric Raeder.)

O.d.Ost: Oberbefehlshaber des Marinegruppenkommandos Ost. (til 30. okt. 1939 generaladmiral Conrad Albrecht, der da blev afløst af generaladmiral Rolf Carls)

Otm: Oversigt over tyske minespærringer.

S-Gerät: Unterwasserortungsgerät auf Ultraschallbasis. Sporing af neddykkede ubåde ved hjælp af ultralydsimpulser. (svarende til den engelske sonar)

Skl: Seekriegsleitung.

sm: sømil = 1.852 m.

Kriegsmarines kommandostruktur kan groft opstilles således: **Skl** udstedte de overordnede ordrer, og hvad angår Østersøen, var det **M.Gr.Ost**, der stod for planlægningen, og **BSO** for udførelsen.

Noter:

Kilder er angivet med tal og findes som slutnoter. Hvis en kilde umiddelbart fremgår af teksten, er den ikke anført som note.

Kommentarer: Længere kommentarer er indføjet i brødteksten i kursiv, kortere er angivet med store bogstaver og findes som fodnoter.

Begivenhedsforløbet.

I 1935 erklærede Tyskland over for Danmark, at man i en even-
tuel konfliktsituation ønskede de danske stræder åbne for alle civile
og militære fartøjer. Dette var i direkte modsætning til situationen
ved 1. verdenskrigs udbrud i august 1914, hvor Tyskland havde kræ-
vet stræderne lukket for alle flådefartøjer.

Den 4. september 1939, dagen efter den britisk-franske krigser-
klæring, bekendtgjorde Tyskland, at der var oprettet nogle spærre-
områder i internationalt farvand i og ved de sydlige indgange til
Østersøen. Der blev i områderne udlagt spærringer i form af højtstå-
ende og dybtstående miner. De sidste skulle sammen med store net
forsøge at sikre mod, at fjendtlige neddykkede ubåde trængte ind i
farvandet, der var af stor vigtighed for Tyskland både militært og
merkantilt. Spærreområderne blev afpatruljeret med vagtskibe.

Den relative sikkerhed, man i Kriegsmarine må have ment, spær-
ringerne ydede, blev brat omvurderet, da der den 8. oktober indløb
underretning om, at det var lykkedes en polsk ubåd at komme til
England, hvilket måtte være sket gennem et af stræderne. Denne
hændelse ændrede situationen i Østersøen afgørende, for kunne en
ubåd komme ud, kunne andre også komme ind, som det var sket i
1915, da 5 britiske ubåde gennem Øresund sneg sig ind I Østersøen
til stor gene for Tyskland.

Kriegsmarines øverste chef, Grossadmiral Eric Raeder, betrag-
tede situationen som så alvorlig, at han dagen efter erklærede, at han
uden betænkelighed var rede til at udlægge ubådsspærringer i dansk
og svensk højhedsområde, hvilket ville være en klar tilsidesættelse
af de to landes suverænitet.

Efter en tysk ubåd ved et vellykket angreb fik sænket det britiske slagskib ROYAL OAK i flådebasen Scapa Flow, vurderede Raeder, at der nu måtte regnes med, at engelske ubåde ville søge hævn i Østersøen. Og da der den 23. oktober indløb melding om, at der i Kielerbugten var observeret en ukendt ubåd, der blev antaget for at være fjendtlig, var reaktionen i Seekriegsleitung, at de udlagte spærringer og bevogtningen af dem havde vist sig helt utilstrækkelige.

Dagen efter den første observation af en ubåd fik M.Gr.Ost, der havde Østersøen som ansvarsområde, ordre om at undersøge muligheden for, at Kriegsmarine selv gennemførte en fuldstændig afspærring af adgangsvejene til Østersøen. To betingelser skulle opfyldes: Egne slagskibe skulle kunne passere, og en udlægning skulle ske ubemærket. Det sidste betød, at der kun kunne anvendes miner. M.Gr.Ost's svar var, at ubemærket udlægning ikke kunne garanteres, og at ubåde i øvrigt kunne sejle langs kysten inden om en spærring. Denne mulighed for afspærring blev derfor opgivet.

Den 31. oktober havde Seekriegsleitung tilsyneladende fået udarbejdet en ny plan: I erkendelse af at det var umuligt at holde fjendtlige ubåde ude af Østersøen gennem egne spærreforanstaltninger, blev blikket rettet mod Danmark. Den eneste virkningsfulde sikring ville være en spærring fra havbund og til havoverflade, fra kyst til kyst mellem Langeland og Lolland og mellem Als og Ærø.

Danmark skulle gøres opmærksom på, at engelske ubåde gennem dansk farvand var kommet ned i Østersøen, hvilket Tyskland ikke ville affinde sig med, og Danmark skulle påvirkes til selv at etablere spærringerne. Som noget meget væsentligt skulle det udadtil fremstå som, at det skete på Danmarks eget initiativ, for at landet bedre kunne kontrollere, at dets neutralitetsregler blev overholdt, og at England ikke fik en undskyldning for at kunne tilsidesætte den danske neutralitet samt kunne forlange tilsvarende spærringer udlagt i norsk højhedsområde.

I planen indgik desuden, at det skulle forsøges af få Danmark til at udlægge netspærringer, der blev regnet for de mest effektive, og at de blev udlagt i nærheden af de tyske spærreområder, hvilket ville gøre den tyske bevogtning lettere. Endelig skulle der helst være fælles lodstjeneste i gennemsejlingsåbningerne.

Efter aftale med udenrigsministeriet - Auswärtiges Amt - skulle det i første omgang forsøges at få en aftale med Danmark i stand gennem direkte kontakt mellem de to landes marinemyndigheder. Den tyske marineattaché i København, Kapitän zur See Henning. blev derfor udstyret med en lang forskrift, han kunne anvende, når han skulle forelægge sagen i Det danske Marineministerium.

Henning mødte op i Marineministeriet den 16., 17. og 18 november for at forelægge og forhandle sagen. Den 18. - efter tyske flådefartøjer angiveligt var blevet angrebet - fremsatte han et ønske om, at der måtte foreligge et svar allerede samme eftermiddag,

Både marine- og regeringsledelsen indså klart nødvendigheden af, at man måtte imødekomme det tyske krav/ønske. Et afslag kunne få store konsekvenser, da man var på det rene med, at Tyskland i så fald selv ville udlægge spærringer. Bare en formel protest kunne gøre Tyskland til en meget ubehagelig nabo, var vurderingen.

I modsætning til august 1914 forløb behandlingen af den tyske henvendelse denne gang helt uden dramatik.[A] Såvel kongen som det samlede ministerium og Det udenrigspolitiske Nævn tilsluttede sig regeringsledelsens indstilling. Erfaringen fra beslutningen i 1914 har sikkert spillet en rolle.

[A] Steen Andersen kalder den i sin bog (s. 93) "Den stille mineudlægning".

Om aftenen den 18. fik den tyske marineattaché overrakt regeringens beslutning, og den 20. blev bekendtgørelse fra Marineministeriet så offentliggjort.

For ikke at give indtryk af, at de danske spærringer blev udlagt i samvirke med Kriegsmarine, blev de tyske forslag om nærhed til de tyske spærringer, anskaffelse af ubådsnet fra Tyskland og fælles lodstjeneste ikke imødekommet.

Minespærringerne i Storebælt og Lillebælt var færdigetablerede henholdsvis d. 15.12. og d. 3.1.

Den 4.1. blev det meddelt, at der nu var udlagt en spærring i Grønsund mellem Møn og Falster og den 5. at der også var udlagt en spærring i Als Sund ved Sønderborg.

Samme dag var der møde i Det udenrigspolitiske Nævn, og her opstod der en kurre på tråden mellem regeringen og oppositionen. Ole Bjørn Kraft (kons.) fandt der nemlig "mærkeligt", at Nævnet først blev underrettet efter, at disse spærringer var udlagt, og Henning Hasle fra samme parti, spurgte om udlægningerne var sket efter tysk henvendelse?

Udenrigsminister P. Munch (rad.) mente ikke, der var sket nogen henvendelse fra tysk side. I øvrigt var det ikke altid helt let i en given situation at afgøre, fra hvis side der var taget initiativ til en mineudlægning.

Her er udenrigsministeren ude på halvdybt vand. Spærringen af Als Sund var fremsat som et ønske fra tysk side på et møde med marineledelsen den 5. december. Samtidig var man blevet erindret om den påtænkte spærring af de vestlige adgangsveje til Smålandshavet med et forslag om at flytte den østpå til Storstrømsbroen. Den endte så med at blive udlagt i Grønsund.

På mødet i Nævnet havde Kraft udtalt, at hvis der forelå en henstilling om spærringer fra den tyske marineattaché, ville det have været naturligt, at det først var blevet drøftet i Nævnet.

Munch svarede, at forsvarsministeren havde nævnt mineudlægningen overfor ham, men at han ikke havde ment, at der var grund til at foretage sig videre i sagen.

At spærringerne skete efter tysk henvendelse, søgtes bevaret som en hemmelighed inden for en meget snæver kreds: Ministeriet, Det udenrigspolitiske Nævn og marineledelsen. Mødet den 5.1. i Nævnet efterlader indtrykket af, at udenrigsministeren også søgte at fortie overfor Nævnet, at de sidste spærringer var sket på tysk foranledning.

Det er min konklusion, at de danske spærringer blev udlagt, fordi man ikke turde tilsidesætte et tysk krav, der var fremkommet, da man i Kriegsmarine mente at have konstateret tilstedeværelse af britiske ubåde i Østersøen, der i strid med de danske neutralitetsregler måtte være kommet ind via danskkontrollerede områder.

Dette kunne regeringen ikke melde ud, men for at motivere overfor offentligheden, hvorfor man pludselig og 2½ måned efter krigsudbruddet udlagde minespærringer, fremsattes den ufuldstændige forklaring, at det var "**For at lette kontrollen** med overholdelsen af de fællesnordiske neutralitetsregler af 31. maj 1938."

Kildematerialet.

De tyske kilder:

Oplysningerne om de tyske forhold er hovedsagelig hentet i primære tyske kilder. Der blev på alle kommandoniveauer i Kriegsmarine ført en Kriegstagebuch (KTB), hvori dagens begivenheder blev indskrevet. Der skete efterfølgende en rapportering af de væsentligste opad i systemet, hvor de til sidst indgik i Seekriegsleitung's KTB. Denne bestod af flere dele, hvoraf 'Teil A' er udgivet i faksimile og nu også findes på internettet.

Ud over KTB'er producerede Kriegsmarine en stor mængde dokumenter i form af rapporter, ordrer, indberetninger m.m. En meget betydelig del af dette materiale er bevaret, og på et tidspunkt fik Rigsarkivet foretaget en kopiering af en række af de dokumenter, der på en eller anden måde omhandler Danmark. Men formentlig er en del dokumenter med relation til Danmark vedr. den her behandlede periode ikke blevet kopieret.

Kriegsmarines KTB'er og øvrige tjenstlige dokumenter, der udelukkende skulle anvendes internt i marinen, må generelt tillægges stor sandhedsværdighed. Anderledes med dokumenter, der skulle bruges eksternt. De kan indeholde overdrivelser, unøjagtigheder for ikke at sige bevidste løgne. Hensigten har naturligvis været propaganda og/eller at få en bestemt sag fremmet mest muligt.

Jeg har desværre ikke haft mulighed for at anvende Kriegsmarine's arkiv i Bundesarchiv i Freiburg, hvilket muligvis kunne have bragt klarhed over enkelte detaljer, primært hvorvidt nogle spærringer blev udlagt.[B] Imidlertid er jeg ad omveje kommet i besiddelse af

---

[B] BSO's KTB'er er ikke kopieret af Rigsarkivet.

16

en kopi af en oversigt (her i artiklen betegnet OTM) over de tyske minespærringer i bl.a. Østersøen. Den er udarbejdet efter krigen, formentlig til brug i forbindelse med rydning af spærringerne, og må bygge på oplysninger i Kriegsmarine's arkiver. Den må også tillægges høj troværdighed.

Endnu en væsentlig og troværdig kilde skal omtales: 'Minenschiffe 1939-1945' af Karl v. Kutzleben, Wilhelm Schroeder og Jochen Brennecke. De to førstnævnte havde været kaptajner på minelæggerne HANSESTADT DANZIG og ROLAND. I bogens forord skriver forfatterne, at de har støttet sig til skibenes eller disses tjenestesteders KTB'er, men også at der desværre er huller i dette materiale. Der er god overensstemmelse mellem bogens oplysninger og andet kildemateriale, men som det fremgår af gennemgangen af minespærringen *Jade 4*, er denne spærrings position efter al sandsynlighed angivet forkert i bogen.

De danske kilder:

Den politiske behandling af den tyske henvendelse fremgår af referater af ministermøder og især af møderne i Det udenrigspolitiske Nævn, hvor de vigtigste forhandlinger fandt sted. Jeg har derfor valgt at gengive store dele af referaterne, specielt af mødet i Nævnet d. 21.11.

Oplysninger om de danske militære forhold omkring spærringerne er i stor udstrækning hentet i 'Generalrapport for Sikringsstyrken 1939/40', fremlagt i juni 1943. Rapporten omhandler alene søværnets forhold, og må bygge på daglige optegnelser i værnet.

Disse 'officielle' kilder tillægger jeg stor troværdighed.

En meget væsentlig, men ikke officiel kilde, er viceadmiral Hj. Rechnitzers dagbog. Rechnitzer påbegyndte sin dagbog d. 1. september 1939, på dagen hvor Tyskland overfaldt Polen og 2.

verdenskrig reelt startede. Dagbogen slutter d. 10. maj 1940, hvor Rechnitzer fratrådte sin stilling som chef for marinen.

Dagbogen er meget omfattende og omhandler såvel forhold i Danmark som i udlandet. Af særlig interesse i forbindelse med denne undersøgelse er naturligvis hans omtale af omstændighederne ved de danske spærreforanstaltninger. Dagbogen må ligeledes tillægges stor troværdighed.

Dagbogen er i 2000 udgivet i bogform med en fyldig indledning og kommentarer af marinehistorikeren Hans Chr. Bjerg. Desværre har Rechnitzers meget lille og ofte svært læselig håndskrift bevirket, at en række ord er transskriberet forkert. At Rechnitzers udtryk 'muligen' er blevet til 'muligvis' kan i denne sammenhæng være ligegyldig. Anledning til misforståelse er det imidlertid, når Rechnitzer skriver **'risikerer'**, og det bliver til **'tillader'** i sætningen: "(…) dels risikerer vi, at de tyske Vagtskibe trækkes nordover, med alle deraf følgende Ubehageligheder." (Rechnitzer d. 16.11. og Bjerg/Rechnitzer s. 176).

Sådanne fejltransskriptioner er i teksten angivet med henvisning til en fodnote.

'Logbog.'

1914 - 1917.

Om morgenen den 5. august 1914, efter Storbritannien ved midnat var trådt ind i konflikten, der udviklede sig til 1. verdenskrig, fik den danske regering en forespørgsel fra den tyske gesandt, om man straks ville spærre Bælterne effektivt med miner mod de krigsførende parter.

Cheferne for flåden og hæren anbefalede en udlægning, da de mente, at den tyske forespørgsel kunne opfattes som et ultimatum. Den radikale regerings medlemmer var delte i spørgsmålet, selv om de var helt på det rene med, at gjorde vi det ikke selv, ville Tyskland på egen hånd spærre Bælterne, hvilket kunne medføre, at Danmark blev involveret i krigen. Partierne Højre og Venstre var imod, da de anså en udlægning for at være rettet mod England. Der foregik nogle svære og dramatiske forhandlinger, som først fandt en løsning, da kongen, Christian d. 10. – mod regeringens forventning – også gik ind for en udlægning. Oppositionen affandt sig nu med beslutningen. Regeringen kunne herefter meddele Tyskland, at man var indstillet på at imødekomme dets 'ønske'. Tilsyneladende lykkedes det at hemmeligholde den tyske henvendelse for offentligheden.

Bælterne forblev spærret for gennemsejling af marinefartøjer under resten af krigen, men det viste sig dog snart at være til størst ulempe for tyskerne selv.

Imidlertid var den svenske regering de første par år af krigen ikke indstillet på at spærre Sveriges del af Øresund, og derfor forsøgte engelske ubåde at komme denne vej ind i Østersøen, hvilket lykkedes for fem. Det var under et sådant forsøg, at den britiske ubåd E13 om aftenen den 18. august 1915 gik på grund ved Saltholm, hvor den dagen efter blev angrebet af tyske torpedobåde, hvorved 15 britiske søfolk omkom. Angrebet, der skete ind i dansk farvand, betegnes som den alvorligste krænkelse af dansk suverænitet under 1. verdenskrig.

Desuden fik England sendt tre mindre ubåde ind via Arkhangelsk og de russiske floder og søer. Disse 8 ubåde var yderst generende for tyskerne. Med base i Reval fik de sænket flere handelsskibe og flådefartøjer og tvang Tyskland til at gennemføre konvojsejlads.

Ved Ruslands udtræden af krigen i 1917 sænkede besætningerne ubådene ud for Helsinki.[2]

1935.

I juni indgik England og Tyskland efter langvarige forhandlinger en overenskomst, der tillod Tyskland at opbygge en flåde på op til 35 % af den engelske, målt i tonnage. Det betød, at englænderne i realiteten på sigt overlod herredømmet over Østersøen til tyskerne. Siden afslutningen af verdenskrigen i 1918 havde Danmarks sikkerhed været væsentlig forbedret, idet beherskelse af adgangsvejene til Østersøen ikke længere var i fokus hos stormagterne, da Tyskland stort set ingen flåde havde, og Sovjetunionens blev anset for betydningsløs. - Dette var nu ændret.

Under et besøg i København i august udtalte den tyske krigsminister, von Blomberg, at man ikke fra tysk side – som i 1914 – var interesseret i en spærring af Bælterne i en konfliktsituation. De skulle forblive åbne.[3]

Med andre ord: Tysklands flådeplaner var blevet offensive. Danmark var igen underlagt stormagternes interesse for indgangene til Østersøen.

1938.

Den 27. maj undertegnede de nordiske lande en deklaration om fælles neutralitetsregler. Forhandlingerne om en revision af de bestående regler, der var fra 1912, var begyndt i 1935 på svensk initiativ. For Danmark var det især væsentligt at få afklaret to forhold: Først og fremmest om krigsførende magters militærfly frit skulle kunne gennemflyve Sundet og Bælterne. Det andet var en ajourføring af reglerne for ubådes passage af de samme farvande.

Da de to forhold i højeste grad berørte tyske interesser, blev de drøftet med det tyske gesandtskab i København. Herfra lød meldingen i en note i januar 1938: 'Østersøindgangene, Lillebælt, Storebælt og Øresund, udgør de naturlige forbindelsesveje mellem Østersøen og Nordsøen. Den tyske krigsmarine og det tyske luftvåben må kunne anvende disse uindskrænket i freds- og krigstid.'[4] - Og sådan blev det.

I denne undersøgelse er det kun neutralitetsreglernes bestemmelse om ubådes passage (§2, stk. 3), der er relevant. Den lyder (lidt forkortet):

"Krigsførende magters undervandsbåde, som er udrustet til krigsbrug, må ikke færdes eller opholde sig i dansk territorialt farvand. Dette forbud skal dog ikke være anvendeligt på gennemfart uden unødvendigt ophold gennem dansk ydre territorialt farvand på de naturlige trafikveje mellem Nordsøen og Østersøen, i Kattegat, Storebælt, Lillebælt og Sundet med undtagelse af Københavns Red, som er indre territorialt farvand, hvor al gennemfart derfor er forbudt. (…) Undervandsbåde skal inden for dansk territorialt farvand stedse have nationalflaget hejst og, medmindre tvingende omstændigheder foranlediger andet, holdes i uddykket stand."[5] [C]

Reglerne blev offentliggjort ved kongelig anordning af 31. maj.

1939.

31.maj.

Danmark og Tyskland indgik en ikke-angrebspagt. Pagten ses dog ikke at have haft nogen indflydelse på Danmarks beslutning om at udlægge miner i Bælterne.

31. august.

Med formodning om at en krig mod Polen kunne være nært forestående, gav M.Gr.Ost ordre til BSO om at forberede spærring af Østersø-indgangene. Samtidig blev det oplyst hvor store beholdninger af spærremidler i form af miner og ubådsnet, der kunne disponeres over.[D]

1. september.

Ved Tysklands overfald på Polen var resultatet af et opgør mellem de to landes flåder givet på forhånd. Det var man helt klar over i Polen, og for at undgå at landets nyeste og mest slagkraftige flådeenheder, tre destroyere, skulle blive sænket eller erobret af tyskerne, havde man allerede den 30. august beordret dem til England, hvor de indgik i Royal Navy. Den eneste tilbageværende alvorlige trussel mod Kriegsmarine var Polens fem ubåde.

[C] Sætningen om de 'tvingende omstændigheder' gav vel i virkeligheden ubåde fra de krigsførende magter mulighed for at sejle neddykket i farvandene. Man kunne jo altid hævde, at man havde følt sig truet, og derfor havde måttet dykke.

[D] Der er redegjort nærmere for dette i afsnittet om de tyske spærringer s. 75.

3. september.

Den britisk-franske krigserklæring mod Tyskland kom åbenbart som en total overraskelse for den tyske flådeledelse.

I nogle overvejelser skrev Grossadmiral Raeder bl.a., at man på grundlag af førerens hidtidige udtalelser først havde regnet med krig mod England omkring 1944, på hvilket tidspunkt den såkaldte Z-Plan[E] ville være gennemført. Det var derfor selvindlysende, skrev Raeder videre, at Kriegsmarine her i efteråret 1939 absolut ikke var tilstrækkeligt rustet til den store kamp mod England.[6]

Heller ikke chefen for M.Gr.Ost, generaladmiral Albrecht, så lyst på situationen. I sin KTB for den 3. september noterede han bl.a., at tyngdepunktet for krigsførelsen nu var flyttet til Nordsøen, hvilket ville medføre, at der fremover kun var et meget begrænset antal fartøjer til rådighed i hans ansvarsområde.[F] Hans hovedopgave var herefter at træffe forholdsregler mod indbrud af engelske ubåde i Østersøen, hvad der især blev vanskeliggjort af, at de danske områder i Storebælt med dybt vand udgjorde ubeskyttede indfaldsveje. Beskyttelsen forstærkedes ganske vist af de spærringer, der ville blive udlagt, men de flådestyrker, der stod til hans rådighed, var lige så lidt egnede til bekæmpelse af ubåde som til bekæmpelse af overfladefartøjer.

Han kunne ikke se, hvordan englænderne i Nordsøen ville eller kunne føre et afgørende slag mod Tyskland. Nok ville de forsøge at sætte de derværende støttepunkter for den tyske ubådskrigsførelse ud af spillet, ligesom de ville kunne forhindre enhver trafik i

---

[E] En (**Ziel**) plan for opbygningen af den tyske flåde omfattende, bl.a. slagskibe og hangarskibe. Den skulle ved årsskiftet 1944/45 være klar til at udfordre England på verdenshavene.
[F] Også store dele af spærremidlerne blev flyttet til Nordsøen. Se i afsnittet om spærringerne s. 75.

Nordsøen, men på afgørende måde kunne Tyskland til søs kun rammes i Østersøen. Tillige ville man her kunne stoppe malmtransporterne fra Sverige. Det var derfor hans overbevisning, at englænderne vidste, at den tyske krigsførelses akilleshæl skulle søges i Østersøen, og at de derfor ville forsøge at trænge ind i dette farvand.[7] [G]

Samme dag udstedte Hitler sit 'direktiv ('Weisung') nr. 2 for krigsførelsen', hvori Østersø-indgangene uden for neutralt højhedsområde blev beordret spærret med miner.[8]

4. september.

Det danske Marineministerium bekendtgjorde, at der var " (…) udlagt Søminer i Adgangene til Kongedybet, Hollænderdybet og Drogden."[9]

4. - 25. september.

I denne periode udlagde Kriegsmarine en række mine- og netspærringer i de sydlige indgange til Sundet og Bælterne. De enkelte spærringer er behandlet i afsnittet om de tyske spærringer s. 75ff.

19. september.

I en situationsoversigt ('Lagebesprechung') gentog Raeder, at sikring af Østersø-indgangene mod indtrængen af engelske ubåde var hovedopgaven[H] for den igangværende Østersø-krigsførelse. M.Gr.-

---

[G] Albreckts frustration over misforholdet mellem den opgave, han skulle løse og de midler, der var til hans rådighed, er åbenbar. Og som det senere vil fremgå, var hans antagelse af, at englænderne ville forsøge et angreb i Østersøen ikke fri fantasi.

[H] Denne og følgende understregninger svarer til understregning i Kriegsmarines dokumenter

Ost blev pålagt at iværksætte <u>alle</u> foranstaltninger, der var egnede til at forhindre fjendtlige[I] ubådes indtrængen i Østersøen.

Endvidere blev det fremført, at spørgsmålet om kun at ville anerkende en svensk 3-sømilegrænse, samt spørgsmålet om en forstærket spærring af Sundet med en ubådsspærring indenfor svensk høj-

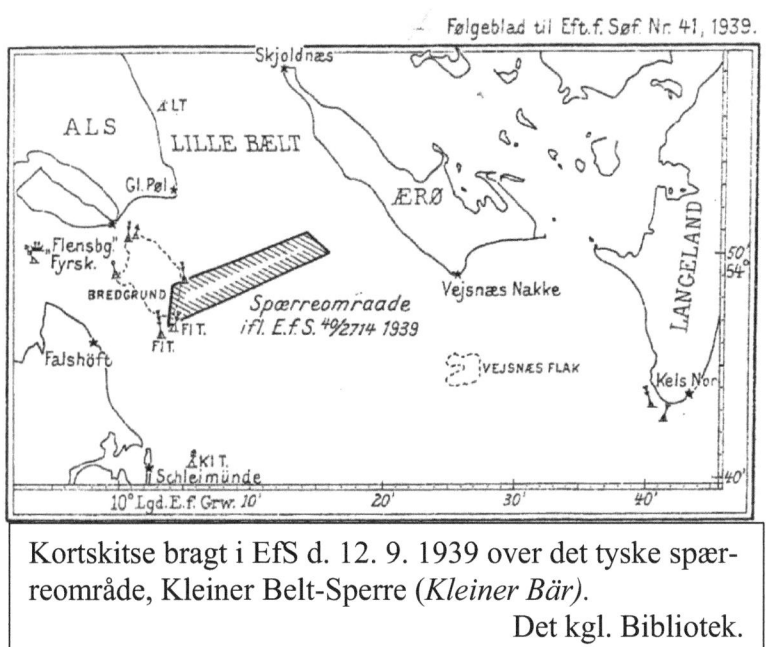

~ Følgeblad til Eft.f. Søf Nr. 41, 1939.

Kortskitse bragt i EfS d. 12. 9. 1939 over det tyske spærreområde, Kleiner Belt-Sperre (*Kleiner Bär*).

Det kgl. Bibliotek.

hedsområde snarest skulle underkastes en vurdering sammen med Auswärtiges Amt.[10]

Kommentar: *Problemet for Tyskland var, at Sverige sammen med nogle få andre lande havde fastsat en 4-sømilegrænse. Det betød, at ubåde kunne passere mellem det tyske spærreområde('Undine') og den svenske kyst. Det samme gjaldt civil skibsfart, der derved undgik*

[I] Skl anvendte i sine KTB'er hovedsagelig udtrykket 'feindlich', men også og synonymt hermed 'englisch'.

at blive undersøgt for kontrabande, som var et af tyskernes formål
med spærringerne.

26. september.

Seekriegsleitung tilkendegav, at enhver indtrængen af overflade-
fartøjer i Tyske Bugt og gennem Kattegat og Østersø-indgangene til
Østersøen måtte forekomme den britiske flåde – hvis det da overho-
vedet indgik i dens operationsplaner – at være fuldstændig håbløs ef-
ter de hidtidige erfaringer.[11]

3. oktober.

Seekriegsleitung opgjorde, at den eneste tilbageværende fjende i
Østersøen var den polske ubåd ORZEL, der tilsyneladende stadig
opererede. Om den ville lade sig internere i Sverige eller forsøge at
komme igennem til England, kunne kun tiden vise.[12]

Kommentar: *I Kriegsmarine var man tidligt i krigen overbevist om,*
at det var lykkedes at sænke fire af de fem polske ubåde. Men den
17., 18. og 25. september anløb tre af dem svenske havne, hvor de
forblev internerede resten af krigen. En fjerde, WILK, var man dog
helt sikker på, var sænket d. 7. september af en torpedo fra den tyske
ubåd, U 22.[13] Tilbage var kun ORZEL, - mente man.

Samme dag vurderede Seekriegsleitung, at tilstedeværelsen af en-
gelske ubåde i Østersøen efter alle foreliggende meldinger var meget
usandsynlig.[14]

8. oktober.

Fra Sverige indløb en melding om, at en polsk ubåd var ankom-
met til England, og efter Seekriegsleitung's opfattelse måtte det dreje
sig om ORZEL. Rigtigheden af denne melding, skrev Seekriegs-

leitung, ville være særdeles ubehagelig, da den ville bevise, at bevogtningen af Sundet og Bælterne var aldeles mangelfuld, og at det var muligt for ubåde at trænge ind i Østersøen uden besvær.[15]
Kommentar: Det var imidlertid ikke ORZEL, men WILK, der var tale om. Den var ikke sænket, som tyskerne antog. Den 14. september var den gået gennem Øresund og havde nået engelsk havn den 21.[16] ORZEL forlod Østersøen den 7. oktober, også gennem Sundet, og ankom til England den 14.[17]

9. oktober.

Situationen forekom storadmiralen så alvorlig, at han i dagens situationsoversigt udtalte, at han ikke nærede nogen betænkelighed ved at udlægge ubådsspærringer indenfor dansk og svensk højhedsområde.

10. oktober.

Raeder fremførte over for Hitler, at det ville være en fordel for Kriegsmarine at have ubådsbaser i Norge, nærmere betegnet i Trondheim. Hitler lovede at se på sagen, men foretog sig ikke noget.[18]

13. - 14. oktober.

I løbet af natten lykkedes det den tyske ubåd U 47 at trænge ind i den engelske flådebase Scapa Flow på Orkneyøerne og komme ud igen efter at have sænket slagskibet ROYAL OAK.

17. oktober.

M.Gr.Ost må have bedømt situationen sådan, at der efter den polske ubåds udsejling fra Østersøen og begivenheden i Scapa Flow var forøget risiko for, at englænderne ville forsøge sig i området. Der blev nemlig givet ordre til BSO om straks at forstærke de allerede udlagte ubådsspærringer ved udlægning af minespærringerne *Jade 7* og *Jade 8* samt ved forlængelse af netspærringen *Jade 1*.

Samtidig fik BSO ordre om at forberede udlægning af minespærringer i Sundet og Storebælt mod forventet indbrud af overfladefartøjer. Minerne skulle kunne udlægges med kort varsel. I Storebælt drejede det sig om en øst-vestgående spærring i dansk territorialfarvand. Spærringen, der havde stikordet *Asien*, ville sammen med det allerede etablerede spærreområde *Grosser Belt-Sperre* lukke Storebælt, men stadig med en åbning til egne fartøjers gennemsejling.[19]

19. oktober.

I dagens situationsoversigt vurderede Raeder, at der måtte regnes med engelsk ubådsaktivitet i bl.a. Østersøen, da England, specielt efter tabet af ROYAL OAK, ville gå i offensiven og søge at opnå resultater mod tyske marinefartøjer.

Samtidig udtaltes det, at Seekriegsleitung intet særligt resultat forventede af en udlægning af *Jade 7* og *8*. Der ville, også efter at spærringerne var udlagt, bestå tilstrækkelige muligheder for fjendtlige ubådes indtrængen. Set i lyset af den for tiden ringe beholdning af miner, stod forbruget til de to spærringer efter ledelsens opfattelse ikke i et rimeligt forhold til de resultater, der kunne forventes. M.Gr.Ost havde derfor fået ordre om ikke foreløbig at udlægge de to Jade-spærringer pga. mangel på materiel.

23. oktober.

Kl. 04.41 blev der for første gang fra et tyske flådefartøj rapporteret om tilstedeværelsen af en ubåd i Kielerbugten syd for Keldsnor på Langeland. Den blev antaget for at være engelsk, og der blev straks indledt jagt på den. Lidt senere på dagen var formodningen, at der var 2 ubåde i farvandet, som derfor blev lukket for øvelser.[20]

I sin KTB samme dag fremsatte Seekriegsleitung nogle overvejelser om situationen: Fjendtlige ubådes optræden i Østersøen var, hvad der kunne forventes. Måske havde risikoen ved at sende ubåde ind i den vestlige Østersø tidligere forekommet fjenden for stor. Men hvis han først havde besluttet sig, måtte han – efter at have iagttaget den tyske bevogtning af spærringerne og handelstrafikken under den svenske kyst samt ORZEL's heldige udbrud [J] – have fået det indtryk, at indtrængen absolut var mulig uden større fare.

Bekæmpelse af de ubåde, der nu var trængt ind, skulle gennemføres med alle til rådighed stående midler og ende med deres ødelæggelse. Dette ville sandsynligvis udelukke nye forsøg på indbrud.

Det kunne forventes, at angreb på handelsskibe og mindre fartøjer foreløbig ikke ville finde sted. De fjendtlige ubåde ville bevæge sig med den største forsigtighed og tilbageholdenhed i den vestlige Østersø og kun gennemføre angreb på lønsomme mål, slagskibe og krydsere (især HIPPER og BLÜCHER). Deres ødelæggelse ville give England en væsentlig prestigegevinst og dermed udligne egne svært følelige tab, mente man.

Det blev endvidere meddelt, at 3 minestrygere med udstyr til eftersøgning af ubåde blev omdirigeret fra Nordsøen til Østersøen.

24. oktober.

Efter at have lokaliseret en ubåd gennemførtes angreb mod den med dybdebomber, og efterfølgende kunne man med sikkerhed høre

---

[J] I Kriegsmarine var man stadig af den opfattelse, at det kun var *Orzel*, der var sluppet ud.

dens lænsepumpe arbejde, ligesom der blev iagttaget oliespor. Alligevel kunne man ikke melde, at ubåden var tilintetgjort.[21]

M.Gr.Ost modtog ordre fra Seekriegsleitung om at undersøge muligheden for at gennemføre spærringer af Østersø-indgangene uden hensyn til andre nationers højhedsområder. To betingelser skulle imidlertid indgå i undersøgelsen: Spærringerne skulle etableres ubemærket, og egne slagskibe sikres uhindret gennemfart.[22]

25. oktober – 2. november.
Jagten på ubåde fortsatte.

26. oktober.
Der blev om formiddagen fastslået tilstedeværelse af en ubåd nordvest for Femern. Samme eftermiddag blev en ubåd, formentlig den samme, observeret ved *Grosser Belt-Sperre*. Den blev forfulgt, men uden resultat. Ligeledes om eftermiddagen blev periskopet på yderligere en ubåd set i Femern Bælt, og der blev gennemført angreb med dybdebomber.[23]

Samme dag fremsendte M.Gr.Ost svar på ordren af 24. oktober. Indledningsvis gjorde man opmærksom på, at der i besvarelsen var set bort fra de politiske følger af en udlægning af spærringer i neutrale landes højhedsområder.

Seekriegsleitung's betingelse om ubemærket udlægning kunne ikke opfyldes, idet der altid ville være risiko for, at det blev iagttaget.[K] Desuden opregnede man en række problemer ved en sådan spærring, bl.a. at den eneste minetype, der kunne være tale om at anvende, var UMA[L], men da skibe med en dybgang på op til 10 m

---

[K] Et eksempel på en sådan tilfældig iagttagelse er omtalt i afsnittet om spærringerne under *Jade 6* s. 90.
[L] U-Boot-Abwehrmine Typ A. Se herom i afsnittet om spærringerne s. 78.

skulle kunne passere uhindret, var man henvist til at udlægge minerne på mindst 14 m's dybde.[M] Derved ville gennemfart inde under kysten stadig være mulig for ubåde.

Endvidere fremførtes det, at en dybtstående spærring kun kunne tjene sit formål, hvis vagtskibe konstant sikrede, at ubådene var tvunget til at sejle neddykkede. Da vagtskibene imidlertid var henvist til at opholde sig uden for dansk og svensk farvand, blev deres mulighed for at tvinge ubådene til neddykket sejlads anset for at være meget ringe eller umulig specielt i Storebælt.

For at komme uden om disse problemer genfremsatte M.Gr.Ost sit forslag fra den 17. oktober om udbygning af *Jade-Sperre*.

Hvis det alligevel blev besluttet at udlægge ubådsspærringer i neutralt farvand, foreslog M.Gr.Ost en nord-sydgående minelinje, med stikordet *Europa*, sydøst for Keldsnor, en nordøst-sydvestgående, *Afrika*, syd for Vejsnæs Nakke på Ærø samt en minelinje, *Australien*, mellem Pøls Rev og Bredgrund syd for Als. Endelig kunne man udbygge *Jade 4* i Storebælt.[24]

27. oktober.

Natten mellem d.26. og 27. blev der fra et bevogtningsfartøj i Store Bælt observeret, hvad man uden for al tvivl mente, var diesel-røg i dansk territorialfarvand tæt ved kysten syd for Keldsnor. Formentlig var en fjendtlig ubåd ved at oplade sine batterier.

Dette fik Seekriegsleitung til at reagere. Det var, skrev man, en utålelig situation, at fjendtlige ubåde kunne trække sig tilbage til dansk eller svensk højhedsområde, hvorfra de kunne operere eller endog angribe. Seekriegsleitung havde derfor set sig tvunget til at udstede en befaling, der skulle meddeles de enkelte kommandanter

---

[M] Højden af mineanker, ankerkabel og selve minen har altså udgjort ca. 4. m.

personligt, om at fjendtlige ubåde overalt, også i dansk og svensk farvand, skulle bekæmpes med alle midler.[25]

31. oktober.

Efter at have overvejet M.Gr.Ost's svar af 26.10. vedrørende muligheden for lukning af adgangsvejene til Østersøen fremførte Seekriegsleitung i en rapport, at en udbygning af *Jade-Sperre* i lige så ringe grad som forslaget om udlægning af spærringerne *Europa* og *Afrika* ville være en sikring mod indtrængen af ubåde, fordi:

1.) bevogtning af de store spærreområder ville være vanskelig og uden sikkerhed for, at uddykkede ubåde ikke kunne gå igennem om natten uden at blive observeret,

2.) dårligt vejr indskrænkede eller udelukkede bevogtningen,

3.) der krævedes et overordentlig stort antal bevogtningsfartøjer.

Efter Seekriegsleitung's opfattelse var den eneste virkningsfulde sikring mod fjendtlige ubåde en kompromisløs og fuldstændig afspærring mellem Keldsnor og Lolland og mellem Pøls Rev og Ærø fra havbund og til havoverflade, men med åbninger for den neutrale skibsfart og egne svære flådeenheder.

Denne løsning forekom mulig, skrev man videre, hvis Danmark blev gjort opmærksom på, at engelske ubåde under tilsidesættelse af de danske neutralitetsregler var trængt ind i Østersøen, og at Tyskland ikke ville affinde sig med dette, samt hvis man desuden foreslog den danske regering at etablere sådanne spærringer, og det samtidig blev forudsat, at Danmark selv udlagde dem indenfor eget højhedsområde. Endelig skulle lodstjenesten gennem spærringerne fastsættes efter gensidig overenskomst.[26]

3. november.

Da der ikke havde været rapporteret om iagttagelse af ubåde i 6 dage, kunne M.Gr.Ost melde, at der i øjeblikket ikke var ubådsfare.[27]

4. november.

Som forberedelse til videre diplomatiske skridt bad Seekriegsleitung Auswärtiges Amt om at gøre den svenske og den danske regering opmærksom på, at fjendtlige ubåde under tilsidesættelse af de nordiske neutralitetsregler havde opholdt sig i de to landes territorialfarvand.[N] Det skulle forsøges at få regeringerne til at træffe foranstaltninger, så gentagelse ikke fandt sted.[O]

6. november.

M.Gr.Ost fremsendte forslag til Seekriegsleitung om tysk spærring af Bælterne indenfor dansk højhedsområde. Det skete i form af en 12 sider lang rapport, hvori forskellige placeringer af spærringerne, spærremidler, bevogtning m.v. blev analyseret. I en sammenfatning blev der foreslået:

enten en spærring, der var fælles for Bælternes nordlige indgange på en linje fra Sjællands Rev over øen Hjelm til den jyske kyst sydøst for Ebeltoft,

eller spærringer i både Storebælts og Lillebælts sydlige indgange.

Den nordlige spærring var ud fra et militært synspunkt klart den mest fordelagtige, men da politiske forhold, der ikke kunne over-

---

[N] Det fremgår ikke af Skl's KTB'er, at der skulle være observeret ukendte ubåde i svensk farvand.
[O] Så vidt det kan ses, kom der aldrig en sådan henvendelse til den danske regering.

skues i fuldt omfang, kunne tale for en spærring mod syd, blev der også fremlagt forslag herom.

For

1) at opnå størst mulig militær nytteværdi,

2) i så stor udstrækning som muligt at skåne Danmarks national-følelse,

3) at gøre det muligt at benytte dansk højhedsområde og

4) ikke at give England grundlag for at tilsidesætte dansk neutra-litet

var det imidlertid værd at overveje, om der kunne opnås enighed med Danmark om etablering af spærringerne og at kunne lade dem fremstå som værende danske foranstaltninger til beskyttelse af landets højhedsområde. Desuden kunne bevogtningen af spærreåbningerne foregå i fællesskab.[28]

9. november.

Seekriegsleitung sendte følgende indstilling til Auswärtiges Amt om fuldstændig aflukning af den vestlige Østersø mod indtrængen af fjendtlige ubåde:

'Efter foreliggende meldinger fra tyske flådefartøjer til Seekriegsleitung er det lykkedes flere fjendtlige ubåde gennem Østersø-indgangene at trænge ind i den vestlige Østersø og igen forlade området. Den herved opståede alvorlige trussel mod de i Østersøen øvende svære flådeenheder og den samlede handelsskibsfart kan under ingen omstændigheder fortsætte. Efter at have overvejet samtlige muligheder er Seekriegsleitung kommet til det resultat, at en hindring af fjendtlige ubådes indtrængen i Østersøen kun kan opnås gennem en fra havbund til havoverflade gående mine- og netspærring i Store Bælt og Lille Bælt indbefattet dansk højhedsområde. For også fremover at muliggøre gennemfart af handelsskibe og egne flådefartøjer er spærreåbninger påkrævet. Disse åbninger må ligge i frit farvand, så bevogtning med tyske fartøjer og bekæmpelse af ubåde, der forsøger at komme igennem, til enhver tid er mulig.

For i givet fald at udelukke et evt. efterfølgende engelsk forlangende om spærring af norsk højhedsområde, må det forsøges at lade de nødvendige spærringer udføre af danskerne på eget initiativ.

Det vil være formålstjenligt i dette tilfælde at lade kontakten med danskerne ske gennem marineattacheen i København.[29]

Til dette havde Auswärtiges Amt svaret, at man var grundlæggende enig med Seekriegsleitung i vurderingen og tilsluttede sig, at spørgsmålet foreløbig blev drøftet direkte mellem den danske og den tyske marine gennem marineattacheen i Stockholm og København, Kapitän zur See Henning.

Endvidere meddelte Seekriegsleitung, at marineattacheen var tilsagt til konsultation i Berlin den 10. november.[30]

10. november.
Ved konsultationen fik marineattacheen udleveret følgende:

'Forskrift for marineattacheen i København vedrørende sikring af Østersø-indgangene.

1) Sikkerhed i Østersøen og friholdelse for alle fjendtlige stridskræfter er livsnødvendig for Tyskland. Her ligger den tyske flådes øvelsesområde, herigennem løber en stor del af den tyske handel, og her må Tyskland også føle et ansvar for uforstyrret videreførelse af den neutrale skibsfart. Så længe fuldstændig sikkerhed i dette hjemlige tyske farvand ikke er garanteret, er ingen for Tyskland acceptabel tilstand opnået.

2) Med tillid til virkningen af de af Danmark opstillede neutralitetsregler, der alene tillader gennemfart – og for ubåde kun i uddykket tilstand – i ydre dansk territorialfarvand, har Tyskland indtil nu

kun beskyttet Bælternes sydlige udgange med spærringer, der rækker fra én grænse for dansk højhedsområde til en anden. Tyskland troede også at kunne regne med respekt for de danske neutralitetsregler fra engelsk side og gennem de udlagte spærringer og gennem bevogtningen af den tilstødende grænse til dansk højhedsområde at kunne sikre sig mod engelske ubådes forventelige forsøg på at trænge ind.

3) Dette er ikke tilfældet. England har hensynsløst tilsidesat de danske neutralitetsregler og tilladt sine ubåde at handle mod disse bestemmelser. Følgende er fastslået af de tyske bevogtningsfartøjer:

a. I oktober 1939 har engelske ubåde opholdt sig i dansk højhedsområde. De er blevet iagttaget af tyske fartøjer, mens de lå tæt ved den danske kyst og udenfor gennemsejlingsfarvandene og opladede deres batterier.

b. I samme tidsrum er engelske ubåde, der uden for al diskussion er blevet iagttaget af tyske vagtskibe, i neddykket tilstand sejlet gennem dansk højhedsområde uden nogen som helst modforholdsregler fra dansk side og har dermed unddraget sig tysk indgriben.

c. I flere tilfælde har engelske ubåde fra dansk højhedsområde med torpedoer beskudt tyske flådefartøjer, for hvilke det kun med nød og næppe lykkedes at undvige disse lumske angreb, der er en hån mod folkeretten.

4) Disse klart beviste engelske brud på de danske neutralitetsregler gør for det første de fra tysk side iværksatte beskyttelsestiltag vedr. Østersøen for utilstrækkelige, og for det andet krænker de Danmarks neutrale holdning på det voldsomste.

Der opstår følgelig den tvangssituation for Danmark at måtte gribe til kraftige foranstaltninger for at beskytte sin neutralitet. På samme måde resulterer det for Tyskland i nødvendigheden af og ud fra dets stilling en tilsvarende forpligtigelse til at udvide de hidtil udførte sikringer af de hjemlige farvande og sikre en fuldstændig beskyttelse af Østersøen.

Disse for Danmark og for Tyskland nødvendige beskyttelsesforanstaltninger kan imidlertid kun blive virkningsfulde, hvis der gennemføres en fuldstændig spærring af Storebælt og Lillebælt fra kyst til kyst og fra havbund til havoverflade. Den frie gennemfart må i overensstemmelse med de danske neutralitetsbestemmelser foregå gennem spærreåbninger, der mest hensigtsmæssigt ligger uden for dansk højhedsområde.

5) Der består den mulighed at gennemføre spærringen lige nord for indgangene til Bælterne og således sikre begge Østersø-tilgange med en enkelt spærring. Imidlertid må en stor del af den danske indenrigsskibsfart derved ledes gennem denne spærring. Derfor forekommer en spærring af begge Bælters sydudgange rigtigere.

Det anvendte spærremiddel må vælges efter, at det foruden en virkningsfuld spærring også frembyder mindst mulig fare for den fredelige skibsfart. I stedet for de hidtil anvendte minespærringer fra hvilke det må frygtes, at tilgrænsende områder vil blive påvirket af bortdrevne miner, vil det være bedre at udlægge netspærringer. Det kræver imidlertid, at en spærring konstant bevogtes af sikringsfartøjer i hele dens længde for til enhver tid at kunne forhindre et ureglementeret gennembrud af denne spærring. Bevogtningen må derfor udøves af tyske fartøjer for at kunne give de tyske søfartsinteresser en sikker beskyttelse. Lodstjenesten gennem spærreåbningerne kan rent praktisk udføres af danske og tyske lodser.

6) Disse spærreforanstaltninger, gennemført i nabovenligt samvirke ("in freundnachbarlichen Zusammenwirken"), vil sikre de danske og tyske rettigheder og interesser. Folkeretligt kan de betragtes som nogenlunde analoge med de spærringer Tyskland og Sverige under verdenskrigen foretog i Sundet, hvor det frie havområde

dengang blev spærret af Tyskland og Kogrundsrenden af Sverige. Ganske vist kunne de stedlige geografiske forhold gøre, at spærringen blev udlagt i to separate stykker. Den fredelige handelstrafiks frie gennemfart blev på den måde sikret gennem en i frit havområde liggende gennemsejlingsåbning.

Underskrevet af kontreadmiral Kurt Fricke.'[31]

Kommentar: *Afsnit 3) må siges at være præget af udokumenterede påstande og overdrivelser. Der var ingen konkrete beviser på, at der var tale om engelske ubåde. Der har ikke på noget tidspunkt forud for dokumentets udarbejdelse været rapporteret om torpedoangreb. Første gang, det skete, var 16. november, altså 6 dage senere. Og der er kun en enkelt gang blevet iagttaget noget, der blev antaget for at være dieselrøg fra en ubåd, der var ved at oplade sine batterier.*

Men det er uklart, i hvor stor udstrækning Henning benyttede sig af denne forskrift i sine senere samtaler med den danske marineledelse. I de referater, der eksisterer af disse samtaler, ser det ud til, at Henning kun i ringe grad har anvendt forskriften.

16. november.

Umiddelbart efter at være vendt tilbage fra Berlin, mødte Henning op i Marineministeriet, hvor han traf chefen for marinestaben, kommandør Carl Hammerich. Han medbragte et brev, dateret 14. november, til den danske flådechef, viceadmiral Hjalmar Rechnitzer fra storadmiral Raeder, hvori denne " (…) dels takker for Den Danske Marines kammeratlige Hjælpsomhed ved Mineulykken samt Begravelsen i Stege,[P] men tillige udtrykker en Tak over for mig, for den kammeratlige Holdning Den Danske Marine gennem Aarene har

---

[P] Den 21. oktober løb et tysk vagtskib ved *Sund-Sperre* på en af Tysklands egne miner. Adskillige søfolk omkom, og de blev begravet fra Stege Kirke med deltagelse af et dansk marinedetachement.

udvist over for den tyske, og derved yderligere uddybet det gode Forhold mellem de to Mariner."

Rechnitzer skriver videre i sin dagbog: "Han udtaler til slut sit oprigtige Ønske om, at dette også i Fremtiden maa kunde blive saaledes. Han forsikrer til slut om sin udmærkede Højagtelse, og med kammeratlig Hilsen undertegner han sig som "min meget hengivne". I disse Tider er et saadant Brev fra "Oberbefehlshaber der Kriegsmarine" ikke uden Interesse".[32]

Kommentar: Det er svært ikke at kæde brevet fra Raeder sammen med forhandlingerne om spærring af Bælterne og se det som et forsøg på at påvirke en af de centrale personer i den danske stillingtagen til det tyske krav. Naturligvis var det i orden at Seekriegsleitung takkede for den danske indsats i forbindelse med mineulykken den. 21. oktober. Men det forekommer mig at være lidt for meget af det gode med "med kammeratlig hilsen" og især "min meget hengivne".

Rechnitzer må have gjort sig lignende tanker, for i sin beretning til Den parlamentariske Kommission skriver han: " Om der skulde være nogen Aarsagsforbindelse mellem dette Brev og Henvendelsen, der noget senere blev rettet til Chefen for Marinestaben af Marineattacheen, ved jeg ikke, men jeg er nærmest tilbøjelig til at tro, at det ikke har været Tilfældet."[33] - Men det afvises altså ikke helt.

Efter mødet med Henning rapporterede Hammerich til Rechnitzer, der i sin dagbog skriver: "I Eftermiddag var Kapitän Henning hos Hammerich. Formaalet var at orientere ham om det ønskelige i, set fra tysk Synspunkt, at vi i Overensstemmelse med vor Neutralitetserklæring, hvorefter Ophold af neddykkede Undervandsbaade i dansk nationalt Farvand er forbudt, traf Foranstaltninger til gennem Spærringer og bedst Netspærringer, at hindre neddykkede Undervandsbaades Passage af Bælterne. Bedst vilde det være, nævnte han, om saadanne Spærringer kunde udlægges saa nær som muligt Nord for de tyske Spærringer i de sydlige Opgange til Storebælt og Lille- bælt. Ønsket fremkom efter, at man fra tysk Side havde Vished for, at engelske Undervandsbaade havde benyttet dansk Omraade til Op- ladning af Akkumulatorer og paa anden Maade, inden de søgte at trænge ned i Østersøen. Denne maatte være absolut sikker for Tysk- land, dels som Øvelsesomraade dels til Skibsfartens Betryggelse. Helst saa de Netspærringer udlagt, og vi kunde faa Materiel fra dem, hvis vi ønskede det, og allerbedst vilde det maaske være, om vi helt overtog Spærringerne, saa at Tyskland kunde fjerne deres. Hans Be- søg hos Hammerich var orienterende, men han bad om en Samtale med mig i Morgen og vilde være meget glad for et omgaaende Svar, da han skulle til Berlin Lørdag, altså i Overmorgen."

Senere samme dag orienterede Rechnitzer og Hammerich uden- rigsminister P. Munch (Rad.) og forsvarsminister Alsing Andersen (Soc.dem.) om den tyske henvendelse. Det blev på dette møde aftalt, at Rechnitzer på mødet med marineattacheen næste dag skulle høre nærmere om de tyske ønsker og drøfte problemet mere teknisk og meddele, at sagen naturligvis måtte forelægges regeringen.

Rechnitzer skriver videre i sin dagbog: "Da vi ingen Netspærrin- ger har, og naturligvis skal undgaa at faa hertil sejlende Materiel fra Tyskland, i hvert Fald ikke saaledes at det kan faa Karakter af Sam- arbejde, er vi efter Forhandling indbyrdes og i Samraad med Direk- tøren for Søminevæsenet[Q] af den Opfattelse, at jeg bør lade Samta- len i Morgen dreje hen mod Muligheden for Udlægning af 3 á 4

[Q] Kommandør S.W. Frandsen

Minerækker i forskellig Højde, dels mellem Albuen[R] og Langeland dels fra Syd for Mommark og østover mod Ærø."

Om aftenen mødtes Rechnitzer og Hammerich med kommandør Frandsen, hvor de gennemgik " (…) de nærmere Muligheder for Udlægning af Etageminer i sydlige Del af Storebælt og Lillebælt. Frandsen fik Bemyndigelse til at paabegynde Forberedelser[S] i al Stilhed til den eventuelle Udlægning. Det drejer sig antagelig om 700-800 Miner, og da de skal udskiftes hver 6. Maaned, er det en meget betydelig Del af vor Beholdning. Da vi har 120 Miner på Slipshavn[T] og LOSSEN i een Omgang kan tage cirka 175, kan Foretagendet for saa vidt hurtigt sættes i Gang, naturligvis afhængig af Vejrforholdene."[U]

Tyskland:
Kl. 16.00 blev der slået ubådsalarm ved Slimundingen, men den efterfølgende jagt var uden resultat. Der var set torpedobaner, som mentes at kunne være rettet mod linjeskibet SCHLESIEN.

Seekriegsleitung tvivlede ikke på tilstedeværelsen af fjendtlige ubåde i den vestlige Østersø, og man fandt det stærkt påkrævet at sætte ind med alle til rådighed værende midler mod de ubåde, der muligvis siden sidste melding den 26. oktober havde luret på en gunstig angrebsmulighed. Nødvendigheden af en beslutning om en virkningsfuld afspærring af Østersø-indgangene var igen bevisliggjort. Marineattacheen skulle underrettes om, at det tyske krav (*'Forderung'*) om øjeblikkelig spærring af Sundet og Bælterne var af største vigtighed.[34]

[R] Syd for indsejlingen til Nakskov Fjord
[S] I Bjerg/Rechnitzer, s. 178, står 'forbindelser'.
[T] Ved indsejlingen til Nyborg Fjord.
[U] Dette afsnit har Rechnitzer indført under d. 17.11.

17. november.
Efter aftale mødte Henning op i Marineministeriet kl. 10. Ifølge kommandørkaptajn F.C. Pontoppidan, der var Rechnitzers sekretær, deltog foruden Rechnitzer og ham selv også cheferne for søværnskommandoen og marinestaben i mødet.[35]

Henning gentog i store træk, hvad han havde fremført dagen før. Han pointerede, at Tyskland havde sikkerhed for, at engelske ubåde havde opholdt sig i dansk højhedsområde. Da Rechnitzer over for dette fremførte, at man fra dansk side overhovedet ikke havde set eller hørt noget til engelske ubåde inden for Skagen, svarede Henning, at det naturligvis kunne være et rygte, men det drejede sig om, at Tyskland kunne være 100 % sikker på, at det ikke var tilfældet.

Rechnitzer skriver: "Det var min Opfattelse, at det med Observation af engelske Undervandsbaade i dansk Farvand var et Paaskud, der benyttedes som Foranledning til Henvendelsen. Efter at have gennemgaaet den mere tekniske Side af Sagen, herunder Placering af Spærringerne, Gennemsejlingsaabning, Lodsproblemet, Belysning og Afmærkning etc., meddelte jeg ham, at Henvendelsen nu skulde blive forebragt Regeringen. Jeg lovede, at vi skulle gøre vort til, at Sagen skulde blive fremmet mest mulig. Der er ingen Tvivl om, at Tyskerne helst saa Netspærringer, og da vi bemærkede, at vi ikke raadede over hertil egnet Materiel, svarede han, at dette kunde vi jo faa eller købe fra Tyskland. Hele Samtalen havde en behagelig Karakter, men trods den venlige Form, var der ingen som helst Tvivl om, at det var et ufravigeligt Krav. Jeg prøvede paa, om ikke Tyskerne selv ved Minespærringer udlagt uden for Territorialgrænsen, langs tysk Slesvig, langs Ærø og videre langs Lolland kunde klare Sagen, men dette, sagde han, var i praksis ugørligt og umuligt at bevogte[V] effektivt i stormende og usigtbart Vejr. (...) Umiddelbart efter Samtalen havde jeg Lejlighed til at forelægge Sagen for Forsvarsministeren, der syntes klar over Nødvendigheden af at følge Henstillingen."

Rechnitzer skriver videre, at " (...) den tyske Gesandt vidste Besked med Sagen, men indtil videre foretog han sig ikke noget, alt med Henblik paa, at Spærringerne lod sig effektuere, alene ved Aftale mellem de 2 Mariner. Saavel over for England som ogsaa i visse Kredse herhjemme vil Sagen utvivlsomt kunde give Anledning til betydelige Meningsudvekslinger og Kritik."

Efter at forsvarsministeren var blevet orienteret, gik denne til udenrigsministeren, og sammen kørte de til statsminister Stauning, der lå syg i sit hjem. Da de havde konfereret med ham, tog de to ministre videre til kong Christian d. 10. på Sorgenfri Slot og redegjorde over for ham om situationen. Kongen havde været indforstået med, at man burde besvare den tyske henvendelse med, " (...) at man erkendte, at forbuddet mod den nævnte gennemfart måtte skaffes respekteret, og at man ville overveje, hvilke foranstaltninger der var mulighed for at gennemføre."[36]

Kl. 15 var der ministerrådsmøde, hvor ministrene fik refereret, hvad der var sket. Samtlige ministre havde tilsluttet sig den påtænkte besvarelse. Det blev desuden besluttet, at sagen skulle forelægges Det udenrigspolitiske Nævn, der havde møde kl. 16 i anden anledning[W].

[V] I Bjerg/Rechnitzer, s. 178 står 'hævde'.
[W] Mødet i Nævnet var indkaldt af det konservative medlem Ole Bjørn Kraft med henblik på en drøftelse af de forestående handelsforhandlinger med England. Dette emne blev ikke berørt på mødet.

På Nævnets møde redegjorde Alsing Andersen for sagen og udlagde det som, at den tyske marineattaché havde gjort "opmærksom paa, at fremmede Undervandsbaade i neddykket Tilstand kunde gaa gennem dansk Territorialfarvand og derved komme ind i Østersøen uden om de tyske Minespærringer."

Derefter havde Munch blandt andet udtalt: "Den retlige Side af Sagen er klar. Vi er berettiget til at haandhæve Forbuddet i vore Neutralitetsregler. Derimod ved jeg ikke, om man kan sige, at vi er forpligtede dertil. (…) Jeg tror ikke, der vil være almenpolitiske Vanskeligheder. (…) England vil næppe sende Undervandsbaade ned i Østersøen og er derfor formentlig uinteresserede i, hvad vi gør. Dog vil selvfølgelig en Spærring vække et vist ubehageligt Røre baade herhjemme og ude paa nuværende Tidspunkt, medens den næppe vilde have vakt Opmærksomhed, hvis Spærringen var foretaget ved Krigens Begyndelse. Hvis vi siger, at vi intet kan gøre for at haandhæve Gennemsejlingsforbuddet, vil der formentlig fra tysk Side blive Tale om Udlægning af Spærringer paa dansk Territorium eller maaske Udøvelse af et stærkt Pres paa os. Hvis Tyskerne udlagde Miner, vilde vi være forpligtet til at tage dem op igen."

Munch afsluttede sit indlæg med stærkt at indskærpe nævnsmedlemmernes tavshedspligt.

Nogen debat fandt ikke sted på møde. Ole Bjørn Kraft (Kons.) udtalte dog, at han var tilbøjelig til at mene, at Danmark burde imødekomme det tyske ønske.

Der var nogle få opklarende spørgsmål, der blev besvaret af de to ministre. Søren Brorsen (Venstre) spurgte " (…) om en Henvendelse fra Marineattacheen vilde være tilstrækkeligt Grundlag for Regeringen til Handling?"

"Udenrigsministeren svarede, at han endnu ikke var klar over, hvilken Fremgangsmaade der vilde være den bedste. Han var dog tilbøjelig til at mene, at hvis Sagen blev bragt op i det diplomatiske Niveau, vilde den lettere bringe os ind i vidtløftige Forhandlinger."[37]

Derefter blev mødet hævet.

Tyskland:

Med henvisning til den stadige ubådsfare i den vestlige Østersø blev M.Gr.Ost af Skl beordret til at træffe foranstaltninger til fuldstændig afspærring af Bælterne ved udlægning af minespærringer med åbninger til egne skibe. I tilfælde af at de krævede ("geforderte") spærringer ikke blev udlagt eller blev unødvendig forsinkede, ville de uden videre hensyn blive udlagt af egne fartøjer.

Kl. 17.30 slog krydseren EMDEN ubådsalarm vest for Femern. 3 torpedobaner var iagttaget. Den øjeblikkelig iværksatte ubådsjagt var uden resultat, men farvandet vest for Gedser blev lukket for øvelser.

Marineattacheen fik følgende instruks: 'Den 16. og 17. november er der fastslået nye ubådsangreb i Østersøen, nærmere bestemt på linjeskibet SCHLESIEN ved Slimundingen og på krydseren EMDEN syd for Keldsnor. Gør som følge heraf straks de stedlige flådemyndigheder opmærksom på, at det er af største vigtighed, at der træffes beslutning om spærring af Sundet og Bælterne og spørg, hvornår de senest kan udlægge de påtænkte spærringer, da tyske forholdsregler ellers vil være uundgåelige.'[38]

18. november (lørdag).

Lidt før kl. 12 indløb der en telefonbesked til Marineministeriet fra den tyske marineattaché med ønske om en samtale med Rechnitzer hurtigst muligt. Her meddelte han viceadmiralen, at han havde fået underretning om, at 2 tyske krydsere var blevet angrebet af en ubåd i Østersøen. Situationen var nu så alvorlig, at man fra tysk side ønskede en hurtig afgørelse om spærringerne. Henning havde indtrængende bedt om, at et svar kunne foreligge samme eftermiddag, og at en evt. mineudlægning blev sat i gang meget hurtigt. Rechnitzer havde svaret, at han ville søge at fremskynde sagen mest mulig.

Ved 14-tiden kørte Stauning, Munch, Alsing Andersen og Rechnitzer ud til kongen på Sorgenfri. Efter at Rechnitzer havde refereret samtalen med marineattacheen for kongen, forhandlede denne med de tre ministre. Rechnitzer skriver: "Resultatet blev, at Regeringen principielt tiltraadte Henstillingen fra tysk Side og uden Gesandtens Mellemkomst, saaledes at Sagen ordnedes mellem de 2 Mariner. Man ønskede, at der samtidig med Bekendtgørelsen til Offentligheden blev meddelt, at vestlig Adgang til Smaalandsfarvandet også kunde forventes spærret med Miner. Om dette virkelig lader sig gøre er noget andet, men det vil Tiden vise."

Kl. 15.30 var der ministerrådsmøde, hvor det enstemmigt blev besluttet at følge kongens og de tre ministres indstilling. Det blev desuden vedtaget at sammenkalde de medlemmer af Det Udenrigspolitisk Nævn, der var i byen, for at meddele dem beslutningen.[X]

"Ved mødes afslutning blev forsvarsministeren af viceadmiralen underrettet om, at der fra fyrmesteren på Kels Nor fyr var rapporteret om en mystisk genstand, der havde bevæget sig lige i overfladen på dansk territorium i retning nord-syd. Om det var et periskop, kunne ikke siges."[39]

Rechnitzer skriver om denne hændelse: "Under Ministermødet kom der ved 16.00-Tiden Telefonmelding fra Kels Nor om, at der

---

[X] Da det var lørdag, var flere af Nævnets medlemmer formentlig rejst hjem. Noget egentlig møde i Nævnet fandt ikke sted, men ifølge referatet af Nævnets møde d. 21. var beslutningen blevet "(...) forelagt saa mange af Nævnets medlemmer, som kunde sammenkaldes med kort Varsel, og man havde billiget, at der blev truffet Foranstaltninger, som kunde sikre Kontrollen."

1400-1600 Meter ude var observeret noget som Ryggen eller Finnen af en Hval, bevægende sig sydover. Meldingen gik endvidere ud paa, at der var megen Uro ude over Spærringen, som om noget var i gære. Det havde der været hele Dagen. Saa alt tyder paa, at der maa være noget om Angrebet i Gaar og i Forgaars, og at muligen endnu en Undervandsbaad er under Indpassage i Østersøen."

Kl. ca. 18.30 indfandt Pontoppidan sig på den tyske legation, hvor han overbragte Henning regeringens svar på den tyske henvendelse.[40]

Tyskland:

Henning kunne nu melde tilbage til Skl, at den danske flådeledelse og regering havde givet udtryk for stor forståelse for det tyske krav ("den deutschen Forderungen") om fuldstændig spærring af Bælterne. Den danske marine var meget taknemmelig for sagens behandling og over, at den danske marineledelse havde fået mulighed for selv at forelægge den for sin regering. Grundlæggende var danskerne indstillet på at udlægge spærringerne på den af Kriegsmarine ønskede måde, men med brug af miner. Der var planlagt en firdobbelt meget effektiv og permanent etagespærring. Afspærringen af Storebælt og Lillebælt ville blive påbegyndt den 20. november. Indtil spærringerne fungerede, ville Danmark som øjeblikkelig foranstaltning indsætte en gruppe små torpedobåde både i Storebælt og i Lillebælt som bevogtning mod neddykkede ubåde.

En dansk motorsejler, der anløb Flensborg, meldte, at den kl. 14.40 dagen før på kort afstand havde set en halvt uddykket ubåd af ukendt nationalitet syd for Als ved indsejlingen til Flensborg Fjord. Kriegsmarine fastslog, at der ikke kunne være tale om en tysk ubåd. ("(...) kein eigenes Uboot in Frage")[41]

19. november.

Rechnitzer skriver: "Dagen er forløbet fuldkommen rolig. Udkast til Bekendtgørelse i Efterretninger for Søfarende med Angivelse af Spærringernes Beliggenhed, Afmærkning etc. foreligger trykt i Korrektur, saaledes at den kan udsendes i Morgen Aften, samtidig med den officielle Redegørelse."

Tyskland:

Ubådsjagten i Kiel Bugt havde hidtil været uden resultat. Den vestlige Østersø ville fra den 20. november blive frigivet til øvelser med fartøjer op til destroyer-størrelse.[42]

20. november.

Om formiddagen var der møde hos udenrigsministeren med deltagelse af statsministeren og forsvarsministeren samt nogle embedsfolk, bl.a. Rechnitzer og Hammerich. Munch havde holdt stærkt på, at der blev udlagt miner ind til Smålandshavet, og at oplysning herom ville komme til at indgå i den udsendte meddelelse. Marineofficererne havde gjort opmærksom på, at en sådan spærring ville stille krav til materiel og personale, som man i øjeblikket ikke kunne honorere.

Senere havde Rechnitzer aftalt med forsvarsministeren, at der kunne fremstilles 300 miner ud over de 100, der allerede var givet tilladelse til. Desuden ville man til forsøg anskaffe ca. 100 m^2 u- bådsnet for at indhøste erfaringer ved anvendelse af sådanne net som spærremiddel.[43]

Om eftermiddagen havde udenrigsministeren efter tur givet den engelske, den franske og den tyske gesandt en forklaring på de planlagte udlægninger. Gesandterne havde ikke gjort indsigelser.[44]

Samtidig fik først den engelske og senere den franske marineatta-ché en orientering af Pontoppidan. Denne skrev samme dag en rede-gørelse til kommandør Hammerich, om forløbet af samtalerne. Han havde over for de to attacheer motiveret udlægningerne med, " (…) at det mentes, at der var observeret U-baade i neddykket Tilstand paa dansk Søterritorium (…). " Det var imidlertid ikke lykkedes at konstatere disse ubådes nationalitet, men Tyskland havde hævdet, at det ikke var deres, og derfor sandsynligvis måtte være ubåde af en Tyskland fjendtlig nation.

Den engelske marineattaché havde svaret, at han anså det for ude-lukket, at de ret store engelske ubåde ville søge ned i Østersøen, bl.a. ville navigation i neddykket tilstand i Storebælt være uhyre svær. Han havde ment, at det nok var tyske.

Pontoppidan skriver: "Efter at have set paa Kortet bemærkede Marineattacheen, at det maatte være ubehageligt for Tyskland, at man fra dansk Side udlagde disse Spærringer og spurgte, om vi ikke fik Vrøvl med Tyskland. Hertil svarede jeg, at det fik vi næppe, da man fra tysk Side – vel netop af Frygt for fjendtlige U-baade – var fremkommet med en Bemærkning, der kunde tydes som en Tvivl om den danske Kontrols Effektivitet."

Den franske marineattaché havde ligeledes afvist, at der kunne være tale om franske ubåde og mente også, det kunne tænkes, at der var tale om tyske, der for at undgå at blive rapporteret gik neddyk-kede gennem Storebælt. Han havde ligeledes spurgt, om Tyskland ikke ville gøre indsigelser mod udlægningerne?[45]

Kommentar: Naturligvis havde de to marineattacheer afvist, at ubåde fra deres lande opererede i Østersøen, selv om det eventuelt var tilfældet. Det ville være en indrømmelse af, at de danske neutra-litetsregler var tilsidesat, og kunne de i øvrigt være sikre på, at en sådan oplysning ikke gik videre til fjenden?

Mon ikke den engelske marineattaché anstrengt sig med at holde masken, da han spurgte, om Danmark ikke fik vrøvl med Tyskland?

Tyskland.

I Kiel Bugt endte en ny ubådsjagt med ubådsjager og fly også uden resultat. En efterfølgende dykkerundersøgelse på stedet for bekæmpelsen af den fjendtlige ubåd viste ikke noget.

Ved spærringerne i Store Bælt og ved Gedser blev bevogtningen forstærket med ubådsjagere og hurtigbåde. Seekriegsleitung gjorde M.Gr.Ost opmærksom på, at det i forbindelse med offentliggørelsen af de danske spærreforanstaltninger samme aften måtte forventes, at de engelske ubåde ville fremskynde deres udsejling af Østersøen.

Berlingske Tidende bragte d. 21. november denne kortskitse, der giver et ret nøjagtigt billede af både de tyske og de danske spærreområder.

Kortskitsen var ledsaget af denne tekst:

Paa ovenstaaende Kort ses dels de på forskellige Tidspunkter tidligere foretagne tyske Minespærringer i Østersøen (skraveret) og dels de danske Spærringer, der nu etableres tværs over Bælterne mellem Langeland og Lolland og mellem Als og Ærø. (Pilene peger mod Felterne). Paa Kortet er endvidere angivet de smalle Sejlløb, hvorigennem Gennemfart kan ske baade Dag og Nat.

21. november.

Om eftermiddagen blev der afholdt møde i Det Udenrigspolitiske Nævn. I mødereferatet står (her lidt forkortet):

"Udenrigsministeren gav følgende Oplysninger om Mineudlægningen ved Bælterne og i Smaalandsfarvandet: Tyskerne mente at have konstateret Undervandsbaade i den vestlige Del af Østersøen, og disse havde skudt paa tyske Skibe. Marinens udkigsposter havde iagttaget Bevægelser i Vandet, der nærmest maatte antages at hidrøre fra Undervandsbaade, som bevægede sig Syd paa i Nærheden af Langeland. Nationaliteten var ikke konstateret. Den tyske Marineattaché havde henvendt sig til Admiral Rechnitzer for at faa Besked om, hvad man fra dansk Side agtede at foretage sig, idet han havde henvist til, at de paagældende Undervandsbaade kun kunde være kommet ind i Østersøen ved en Krænkelse af dansk Neutralitet, da Farvandene iøvrigt var spærret. De maatte have passeret Farvandene i neddykket Stand, da de ikke kunde være kommet ind paa Overfladen uden at være blevet standset af den tyske Bevogtning. Marinen havde ikke konstateret Skydning, men Tyskerne fastholdt, at Skydning havde fundet Sted. (…)[Y]

Hvis man spurgte, hvad der vilde være sket, saafremt Danmark ikke havde bestemt sig til at udlægge Minerne, kunde dertil siges, at dette formentlig ikke vilde have medført en skarp Optræden fra Tysklands Side, men derimod, at Tyskland selv vilde have spærret Farvandene. Tyskland havde allerede lagt et Minefelt over hele det internationale Omraade ved Udgangen af Bælterne, men Farvandet var tilstrækkelig dybt paa dansk Søterritorium til, at Undervandsbaade kunde passere i neddykket Stand, og hvis Tyskerne saa havde lagt Miner ud paa dansk Territorium, kunde de andre krigsførende Magter have forlangt, at Danmark fjernede Minerne, hvorved der vilde være opstaaet en meget vanskelig Situation, medens derimod en Udlægning af Miner fra dansk Side med det Formaal at gennemføre Kontrollen var retmæssig. (…)

[Y] Der er formentlig tale om to forskellige opfattelser. Marinen mente sikkert skydning med kanoner, Seekriegsleitung torpedoskydning, der kun kan høres, hvis et mål rammes, hvilket jo ikke var tilfældet.

(…) Ministeren var ikke blind for den Opmærksomhed, Udlægningen kunde vække i England, og at Øjeblikket var uheldigt.[Z] Det var usikkert, om engelske Undervandsbaade virkelig var gaaet igennem. (…)

Ministeren havde (…) haft et Møde med Redaktører og Korrespondenter for udenlandske Blade, ved hvilken Lejlighed han ikke have omtalt den fra tysk Side fremkomne Forespørgsel, men havde oplyst de af Marinen gjorte Iagttagelser og bedt om, at Begrundelsen ikke maatte blive meddelt.

(…)

Forsaavidt Nævnets Medlemmer skulde give en Meddelelse til Partierne, henstillede Ministeren, om det ikke var tilstrækkeligt at sige, at den danske Marine havde ment at konstatere Overtrædelse af Neutralitetsreglerne og derfor fundet det rigtigt at tilvejebringe en bedre Kontrol.

Kraft (Kons.) var enig i, at der ikke havde været andet at gøre end at træffe Foranstaltninger som sket, (…) Han tvivlede om, at engelske Undervandsbaade faktisk var sluppet igennem og troede snarere, at Formaalet med den tyske Henvendelse var at opnaa en Besparelse af deres Stridskræfter. Han var derfor ikke glad ved at meddele sit Parti, at Marinen havde konstateret Overtrædelser af Neutralitetsreglerne, men vilde foretrække at sige, at Mineudlægningen var sket i Overensstemmelse med Danmarks Rettigheder efter de gældende Neutralitetsregler.

Brorsen (Venstre) henviste til, at de Oplysninger, der gives i Nævnet, er hemmelige og var enig med Kraft i, at man overfor

---

[Z] Munch har formentlig tænkt på handelsforhandlingerne med England.

Partierne kunde nøjes med at sige, at Udlægningen af Minerne var sket i Overensstemmelse med de gældende Regler.

Hans Rasmussen (Soc.dem.) sagde, at et Rigsdagsmedlem overfor ham havde udtalt, at han var klar over, at Mineudlægningen var sket paa tysk Anmodning.

Hasle *(Henning, Kons.)* mente, at dette kun var, hvad man kunde tænke sig til.

(…)

Udenrigsministeren var tilfreds med Krafts og Brorsens Forslag om, hvad der kunde siges til Partierne. Marinen følte sig overbevist om, at Bevægelser havde fundet Sted, kun vidste man ikke, om det var tyske eller engelske Undervandsbaade. (…)

Den Forestilling vilde naturligvis brede sig, at der forelaa et tysk Krav. I 1914 havde man talt om et Ultimatum, skønt et saadant ikke forelaa. Den nuværende Forestilling om et tysk Krav var ikke rigtig. Der var kun rettet en Forespørgsel til Marinen om Kontrollens Gennemførelse. Hvis Mineudlægning ikke foretoges fra dansk Side, vilde Tyskerne have udlagt Miner, d.v.s. de vilde besvare den ene Krænkelse med den anden. Dette var ganske vist ikke antydet fra tysk Side, men Marinen var ikke i Tvivl om, at dette vilde være sket. Ministeren ansaa det for meget ønskeligt, at man bidrog til at imødegaa Forestillingen om, at der forelaa et tysk Krav, dette ogsaa særligt af Hensyn til de udenlandske Korrespondenter, som kunde lade denne Forestilling gaa videre til deres Blade, hvilket vilde være uheldigt, ikke mindst i Øjeblikket, da vi stod overfor Handelsforhandlinger i England.

Frisch *(Hartvig, Soc.dem.)* fandt det under Hensyn til de faldne Udtalelser nødvendigt at oplyse, at han i sin Gruppe havde rettet en Forespørgsel til Forsvarsministeren, som havde udtalt sig i Overensstemmelse med, hvad der var fremkommet i Pressen, men ogsaa havde omtalt de Iagttagelser, Marinen havde gjort. Man skulde derfor nødig fra Nævnsmedlemmernes Side udtale sig saaledes i Partierne, at man modsagde dette Argument.

Hauge *(Christen N., Soc.dem.)* kunde ikke tiltræde Hasles Bemærkning om, at enhver kunde gætte sig til, at Mineudlægningen skyldtes et tysk Krav.

Hasle sagde, at mange havde spurgt, hvem der havde krævet Minerne udlagt.

Steincke *(K.K., Soc.dem.)* mente ogsaa, at man kunde regne sig til, at der forelaa et Krav fra en krigsførende Magt.

Udenrigsministeren bad om, at dette maatte blive henvist til Rygternes Verden.

Kraft fandt, at der laa en almindelig dansk Interesse i at understrege, at der ikke var fremkommet et Krav. Han var tilfreds med, at Ministeren havde sagt, at der forelaa en Forespørgsel fra tysk Side.

Lange *(Axel B., Kons.)* var enig i, at man kunde paalægge Medlemmerne at tie stille, men man kunde ikke paalægge dem at udtale sig paa en vildledende Maade.

Hauge sagde, at ingen havde bedt Medlemmerne udtale sig vildledende."

Nævnet gik derefter over til at behandle andre sager.[46]

Tyskland:

Ubådsjagt i den vestlige Østersø uden resultat. Østersøen blev derefter af M.Gr.Ost' igen frigivet til øvelser med opmærksomhed på nødvendig sikring mod ubåde.[47]

Der blev slået ubådsalarm d. 22.11., d. 29.11. og d. 1.12., der alle endte uden resultat.

24. november.

Der blev afholdt statsrådsmøde. I mødereferatet står:

"Hans Majestæt Kongen indledte Mødet med at udtale: Under 18.ds. blev der efter Henstilling fra Tyskland udlagt Miner paa vort Søterritorium Syd for Storebælt og Syd for Lillebælt. (…)"[48]

Udenrigsministeren og forsvarsministeren tog ikke ordet under statsrådsmødet.

Protokollen for mødet blev oplæst og godkendt på statsrådsmødet d. 12.12. 1939. Der var ingen bemærkninger til kongens udtalelse om mineudlægningerne.

Rechnitzer har følgende kommentar i sin dagbog:

"Fra Statsrådet i Dag til Formiddag meddelte Forsvarsministeren mig, at Kongen øjensynlig havde haft det Indtryk, at Mineudlægningen var foretaget efter Henstilling fra Tyskland. Dette er jo for så vidt ikke korrekt, idet Tyskland jo kun havde forespurgt gennem Marineattacheen, hvad Danmark agtede at foretage sig i Anledning af, at engelske Undervandsbaade øjensynligt maatte have krænket vor Neutralitet gennem Passagen af danske Farvande. Det var denne, efter Tyskernes Formening uomtvistelige Kendsgerning, illustreret ved Angreb på 2 tyske Krydsere i den vestlige Østersø, der havde foranlediget deres Underhaandsforespørgsel. For at der ikke skulde komme fejlagtigt Referat i Statsraadsprotokollen, vilde nu Alsing Andersen i Sagens Anledning henvende sig til Udenrigsministeren. Statsraadsprotokollen kan betyde en del for senere Tids Beretning om Danmark under Krigen."

Kommentar: *Rechnitzers kommentar er bemærkelsesværdig. Den vidner om, hvor langt han ville gå for at nedtone karakteren af den tyske henvendelse. Hans egen umiddelbare reaktion d. 17. november efter samtalen med Henning var jo, at der "* (…) *ingen som helst*

Tvivl (var) om, at det var et ufravigeligt Krav." *Og efter han den 18.*
sammen med ministrene havde været hos kongen skriver han: "Re-
sultatet blev, at Regeringen principielt tiltraadte Henstillingen fra
tysk Side (…)".

Mon ikke han selv har været med til at bibringe kongen det ind-
tryk, at der forelå en 'henstilling'?

28. november.
Tyskland:
  Ubådsfaren i Østersøen blev af BSO anset for at være ringe. Selv
når man anlagde strengest mulige bedømmelse, var der meget ofte
slået ubådsalarm, der ved nærmere efterprøvning havde vist sig at
være <u>falsk</u>. Den sidste tids mange meldinger om iagttagelse af ubåde
måtte derfor betragtes med stor forsigtighed.
  Alligevel skulle alle forholdsregler mod mulig tilstedeværelse af
fjendtlige ubåde i Østersøen opretholdes.[49]

2. december.
Tyskland:
  Ubådsjagt i den vestlige Østersø uden resultat. Selv når vejrfor-
holdene gjorde, at S-Gerät <u>ikke</u> virkede tilfredsstillende, så forstær-
kede det indtryk sig alligevel, at det også denne gang igen handlede
om et forkert opfattet signal, og at der i virkeligheden <u>ikke</u> opererede
<u>nogen</u> fjendtlig ubåd i den vestlige Østersø.[50]

3. december.
Tyskland:
  Eftersøgning af ubåde i den vestlige Østersø fortsat uden resultat,
så der var for tiden intet belæg for, at engelske ubåde skulle opholde
sig i Østersøen.[51].

5. december.

På et møde, hvor flere forhold var blevet drøftet, havde den tyske marineattaché nævnt, at man i Seekriegsleitung med interesse havde bemærket, at Danmark påtænkte at spærre de vestlige adgangsveje til Smålandsfarvandet. Han havde foreslået, at man i stedet gjorde det ved Storstrømsbroen.

Han havde desuden gjort opmærksom på, det ønskelige i, at også Als Sund blev spærret.[52]

5. januar.
"Ekstraktafskrift af Referat af Mødet i det udenrigspolitiske Nævn den 5' Januar 1940.
(…)

Hasle vilde gerne vide noget nærmere om de sidst foretagne danske Mineudlægninger.

Udenrigsministeren oplyste angaaende Mineudlægningen, at der ved den første Mineudlægning var anført, at der kunde blive Tale om Mineudlægninger i Smaalandshavet. Medens det oprindelig var Tanken først at udlægge Miner i den vestlige del, var man ved nærmere Undersøgelse kommet til det Resultat, at det var bedst at begynde mod Øst. Det paatænktes senere at udlægge mod Vest, saaledes at Smaalandshavet blev helt lukket.

For saa vidt angik Udlægningen i Alssund mente Ministeren, at den var sket af Hensyn til større Kontrolsikkerhed, men kunde iøvrigt ikke give nærmere Forklaring herfor.

Hasle forespurgte, om de seneste Mineudlægninger var sket paa Foranledning af tysk Henvendelse.

Udenrigsministeren udtalte, at, saavidt han vidste, var der ikke sket nogen Henvendelse fra tysk Side, men henviste til, at

Marineministeriet ofte med de fremmede Marineattachéer drøftede Spørgsmaal vedrørende Mineudlægning.

(…)

Bjørn Kraft mente, at det var mærkeligt, at Minespærringer, der hidtil var anset for vigtige ikke blev foretaget, medens der foretages andre, som Nævnet først faar Kendskab til, naar de foreligger som en Kendsgerning.

Han vilde gerne vide, om Militærattachéerne forhandlede med Marineministeriet uden om Udenrigsministeriet, idet han af Udenrigsministerens Udtalelser havde forstaaet, at dette var Tilfældet. Om Spørgsmaal af saa omfattende Karakter maatte Udenrigsministeriet dog have Meddelelse.

(…)

Udenrigsministeren udtalte, at Marineministeriet til Stadighed havde Kontakt baade med den tyske og den engelske Militærattaché. Udenrigsministeren fik Meddelelse fra Marineministeriet, naar der forelaa Spørgsmaal, der kunde tænkes at komme til at berøre de almindelige Linier for vor Udenrigspolitik. Det var ikke altid helt let at afgøre, fra hvis Side der i et givet Tilfælde skulle siges at være taget Initiativet til en Mineudlægning.

(…)

Bjørn Kraft udtalte, at hvis Forslaget om Mineudlægningen var fremkommet fra Marineministeriet paa Henstilling fra den tyske Marineattaché, vilde det have været naturligt, at Spørgsmaalet først var blevet drøftet i Nævnet.

Udenrigsministeren anførte, at Forsvarsministeren havde nævnt Spørgsmaalet om Mineudlægningen overfor ham, men at han ikke havde ment, at der var Grund til at foretage sig videre i Sagen.

(…)"[53]

Diskussion:

Opererede andre ubåde end tyske i Østersøens vestlige del i efteråret 1939?

Der er i de tyske dokumenter, der er gennemgået i forbindelse med denne undersøgelse, ikke fundet klare beviser på nationaliteten af de ubåde, man mente opererede i farvandet.

Der omtales kun relativt få observationer foretaget enten visuelt, ved hjælp af hydrofon eller 'S-Gerät'.

De visuelle, der nævnes, er: oliespor på havoverfladen efter angreb med dybdebomber (d. 24.10.), et periskop (d. 26.10.), dieselrøg, som mentes at komme fra en ubåd, der var ved at oplade sine batterier (natten til d. 27.10.) samt noget, der blev opfattet som torpedobaner (d. 16. og 17.11.).

Desuden var en halvt uddykket ubåd blevet set (d. 17.11.) af en dansk motorsejler, der var på vej ind i Flensborg Fjord. Det er selvfølgelig et spørgsmål, om denne oplysning er troværdig. Det må imidlertid antages, at besætningsmedlemmerne på motorsejleren er blevet grundigt afhørt, og Kriegsmarine altså har valgt at tro på deres forklaringer.

Den observation, der blev gjort ved hjælp af hydrofon, drejede sig om en ubåds lænsepumpe (d. 24.10.). Nogle af de gange, hvor der blev slået ubådsalarm, er det formentlig sket ved brug af 'S-Gerät'.

Men observationer med 'S-Gerät' er åbenbart yderst tvivlsomme ifølge et indlæg af marinehistorikeren Hans Christian Bjerg ved Folketingets forsvarsudvalgs høring d. 20.9. 2017, hvor han bl.a. sagde:

"Særlige forhold i Østersøen gør som bekendt, at det næsten er umuligt at finde ubåde med de sensorer og detektionssystemer, som vi kender i dag.

Sonarens udsendte stråler afbøjes af forskellige lags forskellige saltkoncentrationer, og derved tilbagekaster forkerte oplysninger tilbage til sensoren."

Dette er i tråd med BSO's og Skl's bemærkninger d. 28.11. og d. 2.12. om, at der ofte var slået ubådsalarm, som viste sig at være falsk, og at der i virkeligheden ikke opererede nogen fjendtlig ubåd i den vestlige Østersø. Hvor langt tidsrum Skl's vurdering dækker over er imidlertid uklart.

Fra dansk side har man på intet tidspunkt konstateret tilstedeværelse af ukendte ubåde i dansk farvand. Det nærmeste var en meget usikker observation d. 18.11. fra fyret på Keldsnor. Noget havde bevæget sig i overfladen, men det kunne ikke fastslås om det var et periskop eller ryggen eller finnen af en hval. Men når Rechnitzer skriver, at der hele dagen havde været uro ude over den tyske minespærring, tyder det for mig mest på, at det har drejet sig om en hval, eller at Rechnitzer har misforstået meldingen fra fyret. En ubåd, der forsøger at liste sig ind i Østersøen, ville vel netop undgå at lave megen uro over længere tid.

Det virker desuden ret uforståeligt, at Rechnitzer kan få dette til at tyde på, at der havde fundet angreb på tyske skibe sted.

Trods disse meget sparsomme og usikre observationer er det min vurdering, at der har befundet sig andre ubåde end tyske i den vestlige Østersø. Dette redegøres der for efterfølgende.

Var det i givet fald engelske ubåde?

Den tyske marineledelse var ikke i tvivl om, at det måtte dreje sig om en fjendtlig ubåd, da der den 23. oktober for første gang blev meldt om iagttagelse af en ukendt ubåd vest for Femern. En reaktion der på ingen måde er uforståelig, idet Kriegsmarine naturligvis måtte tage udgangspunkt i, at det værst tænkelige var indtruffet, og det måtte der handles ud fra.

Men fra dansk side var man som nævnt ikke rigtig overbevist om, at engelske ubåde skulle være trængt ind i Østersøen.

Under sin samtale den 17. november med den tyske marineattaché, fremførte Rechnitzer, "(...) at vi overhovedet ikke havde set eller hørt noget til engelske Undervandsbaade inden for Skagen."

Udtalelsen står for så vidt til troende, hvis han – i så fald noget naivt - havde forventet, at englænderne ville være sejlet gennem de danske farvande uddykket og om ikke med trompetfanfarer så dog med nationalflaget hejst i overensstemmelse med de nordiske neutralitetsregler. Men der var krig, og engelske ubåde, der ønskede at komme ned i Østersøen, ville naturligvis gøre alt for ikke at blive set eller hørt af nogen – uanset alle gældende neutralitetsregler. Og det er jo en kendsgerning, at to polske ubåde slap ud af Østersøen uden at blive observeret fra dansk side. Hvorfor skulle engelske ubåde, der eventuelt var på vej gennem danske farvande, ikke også have undgået at blive iagttaget?

I betragtning af de resultater, der blev opnået af de engelske ubåde i Østersøen under 1. verdenskrig, er det forståeligt, hvis Kriegsmarine antog, at Royal Navy her 25 år senere igen ville forsøge at udfordre dem i området og tvinge dem til konvojsejlads og til indskrænkninger i øvelsesaktiviteterne.

Det kunne, som fremført af Raeder den 19. og 23. oktober, være et forsøg på at hævne tabet af bl.a. ROYAL OAK, men jeg er ikke i litteraturen om den engelske flådes krigsførelse stødt på omtale af operationer i Østersøen, hvilket kan have sin forklaring i, at ingen resultater blev opnået, bortset fra at Kriegsmarine måtte aflyse øvelser i farvandet i nogle perioder, samt i, at det engelske ubådsvæsen selv undgik tab. Og sådanne nærmest 'ikke-hændelser' kan vel ikke umiddelbart forventes nævnt i litteraturen?

Der er en tænkelig forklaring på en mulig britisk tilstedeværelse i Østersøen: Den 9. september 1939, fire dage efter at være tiltrådt som marineminister, fremsendte Winston Churchill en anmodning til Royal Navy's operationsafdeling om, " (...) at der måtte blive udarbejdet en plan om forcering af indløbene til Østersøen." I et efterfølgende memorandum, dateret 12. september skriver han om operationen, som han gav kodenavnet 'Catherine': "Det er ikke nødvendigt at komme nærmere ind på de strategiske fordele ved at beherske dette specielle område.[Æ] Det er den altbeherskende offensive opgave, der i øjeblikket står åben for flåden. Isoleringen af Tyskland fra Skandinavien ville afbryde tilførslerne af malm, levnedsmidler og al anden trafik. (...) Flådens tilstedeværelse på denne krigsskueplads ville binde alle fjendtlige stridskræfter til stedet."[54] [Ø]

Steen Andersen behandler operation Catherine ret udførlig i sin bog "Der er intet foruroligende for Danmark". Han skriver bl.a.: "Flådechefen, admiral Pound, stillede sig afventende over for projektet, idet han mente, at man fra britisk side ikke ville opnå meget andet end at afskære malmtransporterne fra Sverige, men han tillod, at 'Naval Staff' gik i gang med planlægningen. Pound stillede en række betingelser for projektet, idet han insisterede på, at operationen ikke kunne løbe af stablen, hvis Sovjetunionen gik aktivt ind i krigen, og han mente, at en forudsætning også måtte være en eller anden form for accept fra svensk side."[55]

"Admiral Pound var selv fortaler for at sende ubåde ind i Østersøen i begyndelsen af november, men Cork[Å] advarede mod det, da

---

[Æ] dvs. Østersøen
[Ø] Generaladmiral Albrechts' 'bekymringer' d. 3.9. var således ikke ubegrundede.
[Å] Lord Cork eller William H.D. Boyle var Admiral of the Fleet.

det ville betyde, at tyskerne rettede opmærksomheden mod det sydlige Skandinavien og eventuelt ville besætte støttepunkter i Danmark og lægge miner i Storebælt. Cork mente at overraskelsesmomentet var afgørende vigtigt i forhold til at opnå succes mod den tyske flåde. I et forsøg på at få grønt lys fra Pound foreslog Cork, at ubådene blev sendt i Østersøen "under cover of the main operation". At snige sig ind i de danske farvande krævede, at man skulle være uset så længe som muligt, og Cork pointerede, at hvis man ventede for længe, ville vintermørket blive afløst af lysere nætter."[56]

En detailplanlægning gik i gang, og hvis planen skønnedes gennemførlig, skulle den iværksættes i marts 1940 eller før. Et led i planlægningen er formentlig den engelske marineattaches forespørgsel i Det danske Marineministerium den 21. september. Rechnitzer omtaler henvendelsen i sin dagbog samme dag. Attacheen var sendt i byen af Admiralitetet for at søge oplyst, om der var udlagt andre minespærringer end de officielt annoncerede. Dette blev benægtet. Som grund til forespørgslen angav han, at England muligvis ville sende handelsskibe til København eller evt. skibe til Østersøen for at udlægge miner.

Dette kommenterer Rechnitzer med: "Det lyder jo mere end fantastisk, men hensigten med forespørgslen har formentlig været at søge at få ventileret, om der i danske farvande findes andre tyske spærringer, end de der er bekendtgjort."[57]

Det må imidlertid have været værdifuldt i forbindelse med planlægningen af operationen at kende mest muligt til Kriegsmarine's aktiviteter i området, bl.a. vagttjenestes omfang og styrke omkring de udlagte spærringer. Det kunne derfor tænkes, at Royal Navy ville sende ubåde ind i Østersøen for at rekognoscere. Men for ikke at skabe tysk mistanke om en kommende engelsk aktion, må det antages, at ubådene i givet fald har været pålagt at vække så lidt opmærksomhed som muligt. Men man kan jo sige, at dette så ikke lykkedes, i og med at man fra tysk side var overbevist om, at engelske ubåde opererede i Østersøen. Det er imidlertid min vurdering, at England ikke sendte ubåde ind i Østersøen forud for 'Operation Catherine'.

Af forskellige årsager blev operationen først udsat og siden helt opgivet.

Bo Lidegaard skriver i 'Kampen om Danmark 1933-45', at en forventet diplomatisk reaktion fra britisk side på de danske mineudlægninger udeblev. "Forløbet understregede", skriver han videre, "både i hvor vid udstrækning Danmark igen var underlagt Tysklands strategiske vilje, og i hvor foruroligende høj grad Storbritannien havde affundet sig med denne kendsgerning. London gjorde sig ikke engang den umage at protestere."[58]

Hans Chr. Bjerg er i indledningen til 'Fra neutralitet til besættelse' også inde på den udeblevne engelske protest mod de danske mineudlægninger. Han skriver: "Man ventede en reaktion fra engelsk side, men denne udeblev. (…) (fordi) englænderne ikke var interesserede i Danmark, og at man derfra ikke engang ville foretage en formel protest i anledning af denne ubalance i den danske neutralitet."[59]

Forklaringen kunne være 'Operation Catherine'. London kan have vurderet situationen derhen, at en protest over den danske mineudlægning kunne give tyskerne en mistanke om, at en engelsk aktion var under opsejling – i bogstavelig forstand.

Var 'venligtsindede' ubåde på spil?

Der er også den mulighed, at en anden part havde ubåde på togt i den vestlige Østersø - ligeledes i største hemmelighed. Den 18. oktober havde den svære tyske krydser HIPPER slået ubådsalarm i Danzigbugten, uden at den efterfølgende jagt havde ført til noget. Men den tyske radioopklaringstjeneste havde samtidig pejlet en russisk[AA] enhed i samme område, og det fik Seekriegsleitung til at udtale, at den i og for sig usandsynlige mulighed af en russisk ubåds tilstedeværelse ikke uden videre kunne afvises.[60]

Det kom åbenbart helt bag på tyskerne, at de sovjetiske 'venner' skulle kunne finde på noget sådant, her knap tre uger efter Polen havde kapituleret og var blevet delt mellem Tyskland og Sovjetunionen.[BB] Angreb af ubåde fra Den røde Flåde forventede man næppe i Kriegsmarine, og episoden blev vel nærmere opfattet som utidig nysgerrighed.

Men set ud fra Kremls synsvinkel er denne mulige 'nysgerrighed' forståelig. Kunne man have tillid til Hitler? Var ikke-angrebspagten mellem de to lande i virkeligheden et bluffnummer, og ville Hitler lade sine tropper fortsætte mod øst? Hvis Tyskland havde sådanne planer, ville materiel og mandskab med stor sandsynlighed blive ført frem også ad søvejen. Der ville derfor være god ræson i at holde de nordøsttyske havnebyer under observation for at bedømme aktivitetsniveauet, hvilket diskret kunne ske fra ubåde i farvandet. "Tillid er godt, men kontrol er bedre!", menes Lenin at have sagt.

I Kriegsmarine var man tydeligvis ikke i tvivl, når der meldtes om observation af et periskop, røg fra en dieselmotor, lyde fra en

---

[AA] Skl brugte kun ordet russisk, ikke sovjetisk.
[BB] Delingen skete i henhold til en hemmeligholdt tillægsprotokol til ikke-angrebspagten af 23.8.39 mellem de to lande.

længsepumpe eller mulige iagttagelser ved hjælp af et 'S-Gerät'. Der var hver gang tale om fjendtlige dvs. engelske ubåde! Men da en dansk motorsejler den 17. november iagttog en halvt uddykket ubåd på nært hold – den bedste iagttagelse, der foreligger melding om – kunne Kriegsmarine kun konstatere, at den ikke var tysk. Når den ikke automatisk blev stemplet som fjendtlig, må der ligge noget bag. Det synes nærliggende at antage, at det nu for alvor var gået op for Kriegsmarine, at andre landes ubåde også kunne være til stede i denne del af Østersøen, hvilket vel ikke var forbudt, men indebar en risiko for at blive antaget for at være fjendtlige, hvis ikke de sejlede uddykkede og med tydelige nationale kendetegn. Danske og svenske ubåde ville næppe vove sig ind i dette område uden klart markeret nationalitet og kun uddykkede. Når den observerede ubåd ikke var tysk og åbenbart heller ikke engelsk, må et kvalificeret bud være, at den var sovjetisk.

Sammenfattende mener jeg, at det er meget sandsynligt, at ubåde, der ikke var tyske, og efter min opfattelse mest sandsynligt var sovjetiske, opererede i den vestlige del af Østersøen i efteråret 1939.

Blev tyske fartøjer udsat for angreb med torpedoer?

Hvis det kan bevises eller blot sandsynliggøres, at der fandt torpedoangreb sted, vil det samtidig være klart, at fjendtlige dvs. engelske ubåde opererede i Østersøen.

Første gang sådanne angreb nævnes, er i den forskrift, som den tyske marineattaché blev udstyret med den 10. november i forbindelse med en kommende forhandling med den danske marineledelse, og hvori det hedder: 'I flere tilfælde har engelske ubåde fra dansk højhedsområde med torpedoer beskudt tyske flådefartøjer, for hvilke det kun med nød og næppe lykkedes at undvige disse lumske angreb, der er en hån mod folkeretten.' Udsagnet er meget diffust, idet der hverken angives i hvor mange tilfælde eller hvornår og mere præcist hvor, angrebene fandt sted.

Sådanne angreb skulle man mene, Seekriegsleitung må have set på med stor alvor, og det virker derfor højst ejendommeligt, at de overhovedet ikke nævnes i Seekriegsleitung's henvendelsen til Auswärtiges Amt den 9. november. Der er da heller ikke i de tyske dokumenter fundet omtale af angreb med torpedoer i Østersøen efter de polske ubåde havde opgivet kampen, og udsagnet må betegnes som opspind, konstrueret for at påvirke de danske beslutningstagere.

Først den 16. og 17. havde Seekriegsleitung meldt om angreb på tyske fartøjer, men er disse meldinger troværdige?

Bortset fra klokkeslæt og sted, kl. 16.00, dvs. ved solnedgang, og ved Slimundingen, er oplysningerne om det påståede angreb den 16.11. meget upræcise. Der tales om 'torpedobaner', altså ubestemt flertal, og at de *kunne* være rettet mod linjeskibet SCHLESIEN, *('(...) können (...) gerichtet gewesen sein')* - altså kun en formodning.

Mere præcis er meldingen den 17. Det angivelige mål var krydseren EMDEN, hvorfra iagttagelsen af de tre formodede torpedobaner formentlig også må være sket. Tidspunktet, kl. 17.30, dvs. ca. 1½ time efter solnedgang, kan imidlertid rejse tvivl om, hvor tydeligt man har kunnet se disse 'torpedobaner'.

Det skal dertil anføres, at der forekommer et par naturlige fænomener, der i halvmørke og mørke har kunnet opfattes som værende spor efter torpedoer: Det kunne være en lille flok marsvin på jagt efter føde, eller det kunne være de skumstriber på havoverfladen, som en bestemt kombination af vind og strøm frembringer. Endelig kan træthed og anspændthed hos mandskabet efter flere døgns udkig efter ubåde have spillet en rolle.

En detalje skal bemærkes: I KTB'en den 17. november står, at angrebet fandt sted vest for Femern, men i instruksen af samme dato til marineattacheen at det skete syd for Keldsnor. Vel ligger Keldsnor vest for Femern, men det er næppe tilfældigt, at man over for de danske myndigheder valgte at angive et dansk stednavn, i hvis nærhed begivenheden skulle have udspillet sig. Dermed opnåede man samtidig en gentagelse af den efter al sandsynlighed opdigtede påstand fra marineattacheens forskrift fra 10. november om, at der i flere tilfælde var foretaget torpedoangreb på tyske fartøjer fra dansk højhedsområde. Hensigten med at nævne Keldsnor har utvivlsomt været at lægge forøget pres på danskerne.

Det tyske krav om spærring af Bælterne i 1939 har ikke fået megen plads i litteraturen. Tidligst er det behandlet af Viggo Sjøqvist i 'Dansk udenrigspolitik 1933-40'. Han skriver her, at påstanden om, at to tyske krigsskibe havde været genstand for ubådsangreb, "(…) efter alt at dømme (var) det rene digt".[61] Hvilket jeg er tilbøjelig til at give ham ret i. Noget kan man som nævnt muligvis have iagttaget, men at det skulle dreje sig om torpedoangreb fra britiske ubåde, tror jeg ikke på. Det ville kompromittere Operation Catherine.

Var kravet om lukning af Østersø-indgangene et led i forberedelserne til besættelsen af Norge og Danmark?

Sjøqvist skriver endvidere: "Spørger man om årsagen til det pludselige tyske krav om spærring af gennemsejlingsfarvandene, er det vanskeligt at finde anden forklaring, end at den tyske marineledelse ønskede sikkerhed for, at den i fred og ro kunne træffe de nødvendige forberedelser til et eventuelt angreb på Danmark og Norge."[62]

Det er da rigtigt, at den tyske marineledelse ønskede 'fred og ro' i Østersøen, men det er efter min opfattelse en forkert betragtning, når

Sjøqvist lader kravet om lukning af Bælterne fremstå som et ønske om sikkerhed til at kunne forberede et angreb på Norge og Danmark.

Mineudlægningen er også omtalt af Bo Lidegaard i 'Kampen om Danmark'. Han knytter den endnu mere direkte til Raeders ønske om støttepunkter i Norge, idet han skriver: "Den 10. oktober 1939 fremhævede Raeder over for Hitler fordelene for ubådsflåden ved norske baser. Da det ikke lykkedes flådechefen at overbevise føreren, fortsatte Raeder og hans nærmeste stab i dybeste hemmelighed den operative planlægning bag om ryggen på de etablerede tyske kommandosystemer. (…) I efteråret kom Raeder et lille nyk fremad med krav om dansk minespærring i gennemsejlingsfarvandene, angiveligt for at hindre britiske ubåde adgangen til Østersøen. Enhver tanke om et britisk flådefremstød ind i Østersøen var opgivet som følge af den styrkelse af det tyske luftvåben, som ville umuliggøre en sådan aktion."[63]

Det er uklart, hvordan, Lidegaard er nået frem til, at Raeder i dybeste hemmelighed fortsatte planlægningen, og at den indbefattede lukning af stræderne. Det er muligt, det forholdt sig sådan, men dokumentation mangler. Nu kan Lidegaard jo forsvare sig med, at når noget foregår 'i dybeste hemmelighed', vil der måske ikke blive udfærdiget nogen dokumenter. Men indtil nærmere foreligger, må Lidegaards udsagn betragtes som en udokumenteret påstand.

Teorien om, at den danske mineudlægning skulle være en forberedelse af en aktion mod Norge, harmonerer dårligt med, at tyskerne umiddelbart efter at have besat Danmark udlagde en netspærring mellem Sjællands Odde og Djursland, og i løbet af sommeren 1940 efter forhandlinger med Sverige desuden fik udvirket, at der blev etableret en netspærring i Øresunds nordlige indløb. Da svenskerne så opsagde aftalen i efteråret 1944, fik Kriegsmarine hurtigt udlagt en ny netspærring i Drogden. Disse tiltag skulle synes unødvendige, efter at Danmark og Norge var besat og forberedelserne til angrebet dermed overstået.

Spærringerne af Østersø-indgangene blev opretholdt gennem hele krigen, fordi tyskerne stadig frygtede, at engelske ubåde skulle komme ind i Østersøen. I efteråret 1944 udsendte Seekriegsleitung endog advarsel om, at englænderne kunne operere i farvandet fra maj 1945. Man vurderede, at det ville være muligt for dem at komme ind via Stalinkanalen.[CC], der udgør en del af forbindelsen mellem Hvidehavet og Den finske Bugt.[64] Denne advarsel førte sandsynligvis til bygning af nogle forsvarsanlæg i form af raketbatterier på sydkysten af Lolland.[65]

Var der tale om et tysk krav?

Det korte svar er ja.

Internt i Kriegsmarine anvendtes ordene Forderung og geforderte (se foran under 16., 17. og 18.11), men naturligvis brugte man ikke disse udtryk over for de danske myndigheder. Det fremførtes diplomatisk som 'det ønskelige i' at Danmark traf foranstaltninger til at landets neutralitetsbestemmelser blev overholdt. (16.11.).

Efter sin samtale med Henning d. 17.11. noterede Rechnitzer i sin dagbog: "Hele Samtalen havde en behagelig Karakter, men trods den venlige Form, var der ingen som helst Tvivl om, at det var et ufravigeligt Krav."

Men derefter omtales det ikke længere som et krav, men nedtones på forskellig måde (mine **fremhævninger**. jec):

[CC] I dag hedder den Hvidehavskanalen.

Forsvarsministeren siger således i Det udenrigspolitiske Nævn samme dato, at den tyske marineattaché havde **gjort opmærksom på**, at fremmede ubåde **kunne** gå gennem dansk territorialfarvand.

Rechnitzer skriver dagen efter, "at Regeringen principielt tiltraadte **Henstillingen** fra tysk Side".

Da den engelske og franske marineattaché på mødet med Pontoppidan d. 20.11. spørger, om man ikke fik vrøvl med Tyskland over mineudlægningerne, svarer han, at det gjorde man næppe, da der fra tysk side fra fremkommet en **bemærkning, der kunne tydes som tvivl om**, hvor effektiv den danske kontrol var.

Højdepunktet af fornægtelse af, at der var tale om et tysk krav eller pres, er vel Rechnitzers forsøg på at ændre på kongens udtalelse i statsrådsmødet d. 24.11. om, at der forelå en **'Henstilling fra Tyskland'**.

Uden for regeringen, Det udenrigspolitiske Nævn og marineledelsen tilbageholdtes enhver oplysning om, at der havde været tysk indblanding i sagen. Det gjaldt både pressen og de øvrige medlemmer af Rigsdagen. Da K.K. Steincke på nævnsmødet d. 21.11. udtalte, at man kunne regne sig til, at der forelå et krav fra en krigsførende magt, bad udenrigsministeren om, at dette blev henvist til 'rygternes verden'.

Men i Generalrapporten fra 1943 dukker ordet 'krav' igen op i forbindelse med omtalen af, at tyskerne krævede udlagt dybtstående miner i gennemsejlingsåbningerne for at gøre dem effektive. (se nærmere herom i afsnittet 'Spærringerne i Bælterne kræves udvidet', s. 102.)

Hos Rechnitzer hedder det imidlertid blot, at Henning på et møde d. 2.2.40 havde meddelt, "at man fra tysk Side var indforstaaet med, at vi besørgede Spærringerne i Gennemsejlingsaabningen i Spærringerne i Bælterne."

Det var vigtigt for begge parter, at udlægningerne kom til at frem-
stå som et rent dansk initiativ. Tyskland frygtede, at hvis det kom
frem, at det var sket efter gensidig forståelse eller endog efter tysk
pres, ville England kunne bruge det som grundlag for en tilsidesæt-
telse af dansk neutralitet.[66] Desuden kunne englænderne anvende det
som et krav til Norge om, at der tilsvarende blev udlagt spærringer i
norsk højhedsområde.[67] Derved blev skibe, der fragtede svensk jern-
malm fra Narvik til Tyskland tvunget ud i internationalt farvand,
hvor de kunne angribes af engelske fartøjer.

Også fra dansk side var man bekymret for en engelsk reaktion. På
nævnsmødet d. 21.11. udtalte udenrigsministeren, at han " (…) ikke
(var) blind for den Opmærksomhed, Udlægningen kunde vække i
England, og at Øjeblikket var uheldigt." Det sidste uddybede han se-
nere med, at Danmark stod over for handelsforhandlinger med Eng-
land.

Det tyske hovedkrav om spærring af adgangsvejene blev opfyldt,
men detaljer, der kan betragtes som forslag fra tysk side, blev ikke
imødekommet. Se nærmere om det sidste s. 96f.

Det videre forløb.

De danske minespærringer, der var stærkt beskadigede af vinterens isskruninger, blev efter aftale med besættelsesmagten taget op af Søværnet i løbet af foråret 1940.

Efter den 9. april 1940 kunne Kriegsmarine så gøre, hvad den ville i de danske farvande, og nu tog man fat på den tidligere omtalte spærring mellem Sjællands Odde og Djursland. Den 21. april begyndte man udlægningen, og den var afsluttet i begyndelsen af maj som en dobbelt netspærring.[68]

Som tidligere nævnt fik Kriegsmarine udvirket – efter ret svære forhandlinger med svenskerne – at der blev udlagt en netspærring tværs over Øresund nord for Helsingør – Helsingborg. Med den tyske Wehrmacht stående lige uden for døren var det nu Sveriges tur til at føje sig efter de tyske krav/ønsker. Spærringen var færdig den 10. juni 1940.[69]

På et tidspunkt i løbet af sommeren eller efteråret 1944 må svenskerne imidlertid – sikkert under indtryk af situationen på de europæiske slagmarker og bevidstheden om egen militære formåen - have frabedt sig spærringen i deres del af Øresund, for den 21. oktober 1944 noterede Seekriegsleitung, at en netspærring i Sundets sydlige del var stærkt påkrævet. Den skulle supplere den halve spærring, man havde bibeholdt i den nordlige indgang. Spærringen blev udlagt mellem Drogden og Bredgrund og meldt færdig d. 21. november.[70] Dette vidner om, at tyskerne stadig frygtede, at engelske ubåde skulle trænge ind i Østersøen.

Spærringerne.

De tyske spærringer.

Generelle forhold:

I perioden 4. september til medio december 1939 etablerede Kriegsmarine i og ved Østersø-indgangene en række spærreområder med udlagte miner eller net. Første gang disse er forsøgt anskueliggjort, er på nogle kort i en artikel af den tyske marinehistoriker Hans R. Bachmann i tidsskriftet 'Marine Rundschau'[71]. Kortene må imidlertid betegnes som både meget mangelfulde og misvisende.

De er gengivet af Hahn.[72] Desuden med en enkelt, men forkert betegnet tilføjelse[DD] af Jens Andersen i 'Tysk invasionsforsvar i Danmark 1940-45', der igen er anvendt af Bech, der yderligere tilføjer en frit opfunden dansk spærring mellem Fejø og Lolland.[73]

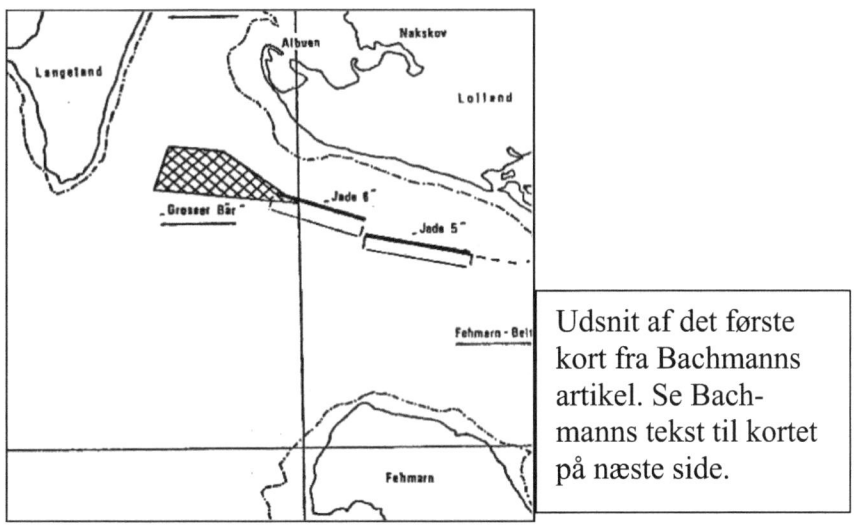

Udsnit af det første kort fra Bachmanns artikel. Se Bachmanns tekst til kortet på næste side.

[DD] Andersen tilføjer Kleiner Belt-Sperre ('Kleiner Bär') men betegner den ukorrekt som Jade '2' og angiver den som en minespærring. Det var en netspærring.

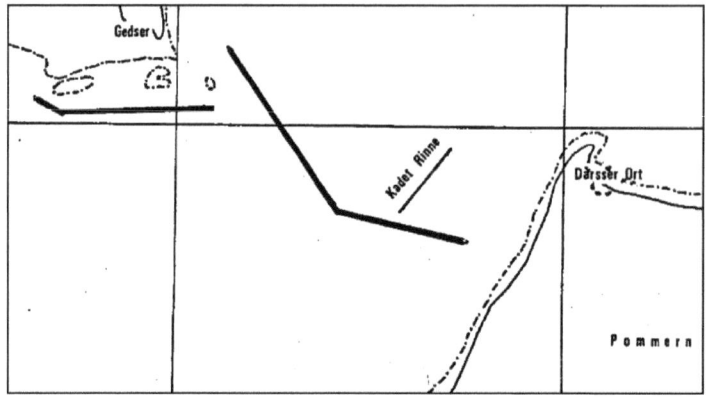

Udsnit af det andet af Bachmanns kort. Se teksten til kortet nedenfor.

Bachmanns tekst til det første kort:
"Med respekt for dansk højhedsområde spærrede BSO-enheder d. 4.9. Storebælts sydudgang med spærringen Grosser Bär og supplerede i de følgende dage denne spærring med de to netspærringer mod ubåde, Jade 6 og Jade 5. Kortet viser de tyske spær-reforanstaltninger omkring 17.9.1939."

Tekst til det andet kort:
"I Gedser-strædet ('Gedser-Enge') blev der først fra 17./19.9.1939 udlagt en ubåds-spærring (netspær-ring). Spærringen syd for Gedser ligger nøjagtig på grænsen til dansk højhedsområde."

Min oversættelse. jec

Kortenes mangler og fejl påvises ved en gennemgang af de fire spærreområder *Grosser Belt-Sperre*, *Kleiner Belt-Sperre*, *Jade-Sperre* - også betegnet *Ubootabwehr-Sperre* - samt *Sperrung Gjedser-Enge* med de deri såvel udlagte som planlagte spærringer.

Derimod omtales det tyske spærreområde i den sydligste del af Øresund, *Sund-Sperre* ('Undine') ikke nærmere, da det ikke gav anledning til konflikt mellem Danmark og Tyskland, men alene mellem Sverige og Tyskland. Men spærringen gav Søværnet meget arbejde med at uskadeliggøre løsrevne miner, der drev ind på de omkringliggende kyster.

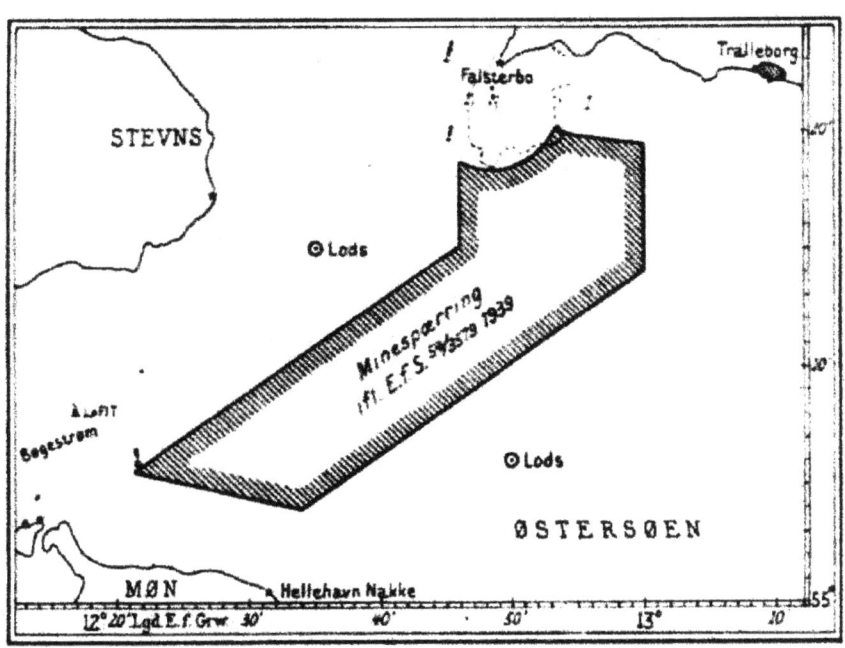

Sund-Sperre eller *'Undine'* som offentliggjort i EfS.
Det kgl. Bibliotek.

Tyske kontaktminer:[EE]

EMA: Einheitsmine Typ A. Forankret mine. Indført i den tyske marine i 1912. Sprængladning: 150 kg.

EMC: Einheitsmine Typ C. Forankret mine. Diameter: 112 cm. Samlet vægt: 1150 kg. Sprængladning: 250 kg. Berøringstænding.

EMD: Einheitsmine Typ D. Forankret mine. Diameter: 100 cm. Samlet vægt: 900 kg. Sprængladning: 150 kg. Berøringstænding.

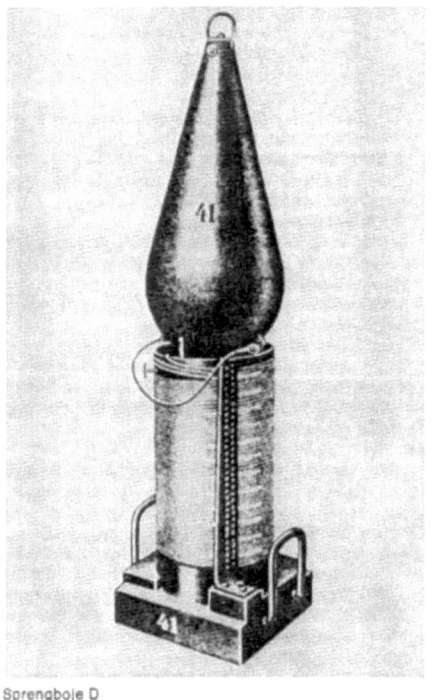

Sprengboje D

FMC: Flussmine Typ C. Forankret mine, specielt udviklet til udlægning i floder og lavvandede områder. Sprængladning: 40 kg. Berøringstænding.

UMA: U-Boot-Abwehrmine Typ A. Forankret mine. Diameter: 80 cm. Samlet vægt: 810 kg. Sprængladning: 30 kg. Berøringstænding.

Spr.B.C. og **Spr.B.D.:** Sprengboje Typ C og Typ D. Sådanne sprængbøjer blev udlagt i nærheden af en minespærring for at beskytte denne mod strygning, idet minestrygningsgrejet blev ødelagt, hvis det fik fat i en sprængbøjes ankertov. Spr.B.D. havde en sprængladning på 0,8 kg.

Sprengboje type D.
Efter Kutzleben

[EE] De fleste oplysninger er hentet i Kutzleben 1974 s. 22 & 25. Andre gennem søgning på internettet.

Med Østersøens store betydning for Tyskland, både militært og civilt, er der naturligvis blevet lagt planer for, hvordan adgangsvejene, dvs. Sundet og Bælterne, kunne sikres mod en nordfra kommende fjende. De planer, der blev anvendt i efteråret 1939, ser ud til at være udarbejdet i 1937. Det fremgår af to kort (se s. 82 og s. 83), der foreligger som bilag til planerne for spærringer i henholdsvis Storebælt og Lillebælt.[74] På kortene står 'op58/37', hvor jeg antager, at de to sidste cifre betegner årstallet. Kortenes angivelse af koordinaterne for de to spærreområder svarer nøje til de koordinater, der blev oplyst af EfS den 4. og 8. september Kun i det nordøstlige hjørne af *Kleiner Belt-Sperre* er der en lille forskel på 3 buesekunder.

Da det den 31. august 1939 stod klart, at en krig mod Polen var nært forestående, fik BSO fra M.Gr.Ost ordre om straks at forberede spærring af Østersø-indgangene og Gedserstrædet med hensyntagen til neutrale, dvs. danske og svenske, højhedsområder. Etableringen skulle ske i følgende rækkefølge: 1) Sundet, 2) Storebælt, 3) Lillebælt og 4) Gedserstrædet. Samtidig fik BSO at vide, hvilke spærremidler der var til rådighed i hvert område. Af de tre, der behandles her, drejede det sig for Storebælts vedkommende om 120 EMC og/eller EMD samt 260 Spr.B.C. mod overfladefartøjer og 15 km net mod ubåde. I Lillebælt kunne anvendes 194 EMC og/eller EMD, 414 Spr.B.C. samt 28 km net og Gedser-strædet 492 EMC og/eller EMD, 594 FMC[FF] samt 44 km net.

Endelig fik BSO ordre om at forberede ubådsspærringerne på grænsen til højhedsområderne ved Østersø-indgangene og ved Gedser-strædet.[75] Der er imidlertid ikke fundet oplysninger om hvor

---

[FF] En del af disse miner var formentlig påtænkt udlagt på selve Gedser Rev.

store beholdninger af spærremidler, specielt UMA, der var til rådighed til etablering af disse spærringer.

Men den britisk-franske krigserklæring tre dage senere væltede disse planer. Nu måtte man i hast flytte fartøjer, spærremidler m.m. til Nordsøen for at sikre dette område. En beregning[GG] viser, at af de i alt 806 EMC/EMD, der var stillet til rådighed i de tre ovennævnte områder, blev kun 136 EMD anvendt til spærringen *Grosser-Bär* i Storebælt. Og af de 87 km net, der pr. 31.8. kunne disponeres over, blev kun ca. 47 km anvendt til to spærringer ved Lillebælt, nemlig *Kleiner Bär* og *Jade 1*.

Kortskitser over de tyske spærreområder og spærringer kan ses på side 95.

[GG] Her og øvrige steder, hvor udtrykkene 'beregning' eller 'beregnet' og 'beregnes', er der tale om mine beregninger.

Grosser Belt-Sperre.

I planen fra 1937 angives – ikke overraskende – at hensigten med spærringen var at gøre det lettere at beskytte den vestlige Østersø mod indfald af fjendtlige flådeenheder gennem Storebælt. Spærringen skulle udlægges på stikordet *Grosser Bär*. Endvidere skulle det bekendtgøres, at der i spærreområdet var udlagt miner, og handelsskibe skulle advares mod at sejle i området.[HH]

Det har været overvejet at etablere *Grosser Belt-Sperre* som en skinspærring, altså i påkommende tilfælde at udsende meddelelse om at spærreområdet var oprettet, men uden at der faktisk skulle udlægges miner i det eller eventuelt kun attrapminer, for den 2. september bemærkede Skl., at sådanne overvejelser var udsat.

Krigserklæringen til Tyskland dagen efter standsede imidlertid alle spekulationer i den retning, for samme dag meddelte Ob.d.M., at det i fører-direktiv ('Führer-Weisung') nr. 2 var dekreteret, at Østersø-indgangene skulle spærres med miner[II] uden for neutralt højhedsområde.[76]

Den 4. september blev *Grosser-Bär* udlagt, og samme dag udsendtes gennem EfS meddelelse om spærreområdet med angivelse af koordinater. Ifølge Kutzleben blev udlægningen foretaget af mineskibet PREUSSEN mellem kl. 6.39 og 7.47. Minerne blev udlagt i to rækker med henholdsvis 67 og 69 EMD, mens et andet fartøj udlagde 262 Sp.B.D.[77]

OTM angiver 134 EMD, men ingen sprængbøjer. Det synes dog mest sandsynligt, at der også har været udlagt sprængbøjer i forbindelse med *Grosser Bär*. Indirekte bekræftes det af den ulykke, hvor 4 unge mænd blev dræbt d. 27. juni 1940 ved Maglehøj Strand syd

---

[HH] Dette i henhold til Haagerkonventionen af 1907.
[II] Som det fremgår under *Kleiner Belt-Sperre* og *Jade 1* blev også net anvendt.

for Nakskov. De havde fundet en sort, pæreformet jerngenstand, som de antog for at være en 'fløjtetønde'. I et forsøg på at skille den ad eksploderede den. Beskrivelsen af genstanden passer imidlertid præcis på en sprængbøje D, og den kan næsten kun stamme fra *Grosser Bär,* der lå vest for ulykkesstedet.[78]

   Grosser Belt-Sperre blev ryddet og området frigivet i efteråret 1947.

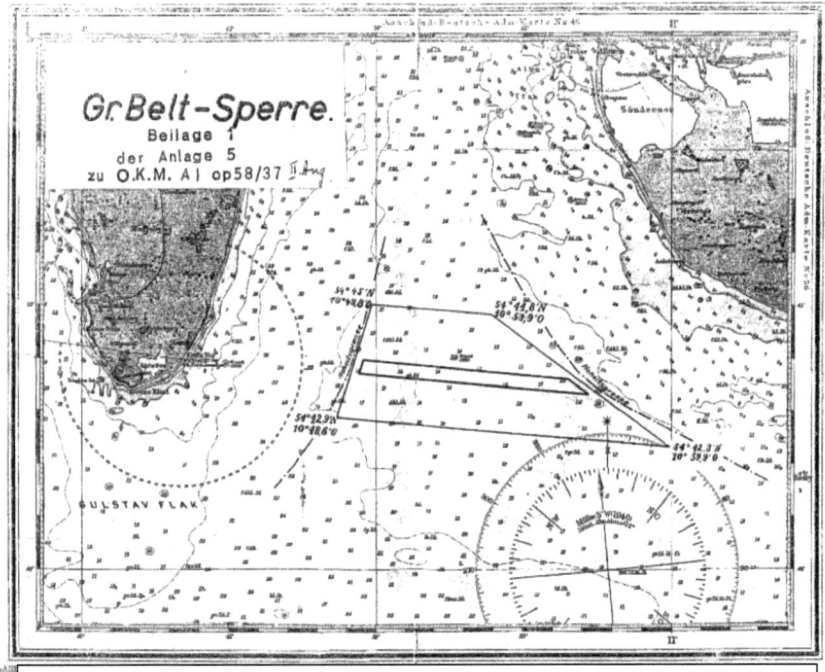

Kriegsmarines kort over spærreområdet *Grosser Belt-Sperre* eller *'Grosser Bär.'*
Midt i feltet er angivet, hvor selve spærringen skulle ligge.
Rigsarkivet.

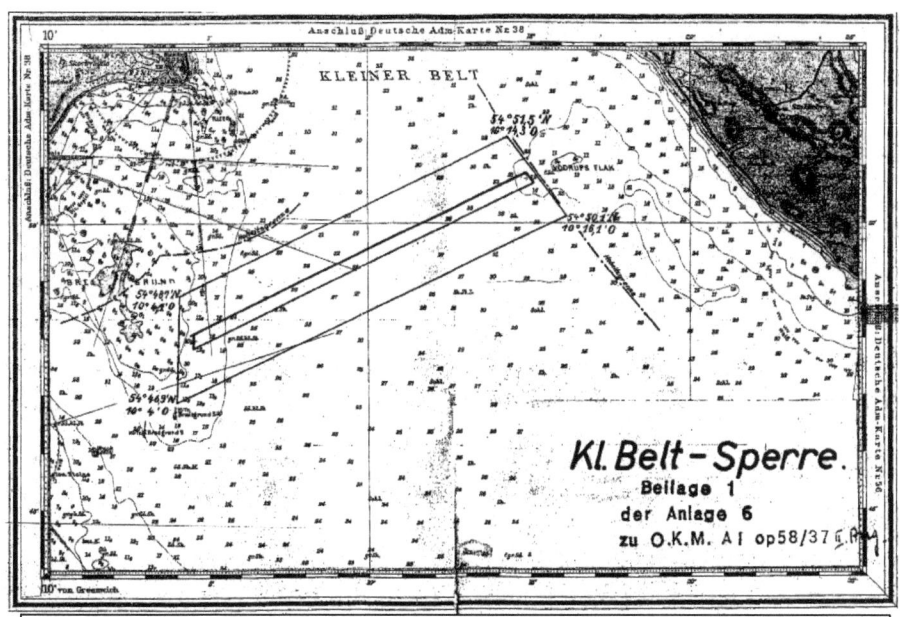

Kriegsmarines kort over spærreområdet *Kleiner Belt-Sperre* eller *'Kleiner Bär'*. Se også kortet s. 115.

Rigsarkivet.

Kleiner Belt-Sperre.

Også her siger planen fra 1937, at spærringen skulle lette sikringen mod fjendtlige indfald i Østersøen, samt at den skulle bestå af miner og udlægges på stikordet *Kleiner Bär*.

Når det i 1937 havde været planlagt, at der skulle udlægges en minespærring, var det her 2 år senere ændret, for d. 6. sept. 1939 noterede Skl, at der tidligt næste dag ville blive udlagt en dobbelt netspærring. Det gør det klart, at man primært har ønsket at sikre sig mod indtrængende ubåde. Om netspærringen blev udlagt på samme position, som var fastlagt for minespærringen, er ikke fundet oplyst, men det synes sandsynligt.[JJ]

Den 8. september offentliggjorde EfS så en advarsel, modtaget via Rügen Radio, om, at der var etableret et spærreområde ved Lille-bælts sydlige indgang med angivelse af områdets position. Den 12. september blev advarslen fulgt op af en kortskitse (se s. 25).

Den 17. juni 1940 meddelte M.Gr.Ost, at man havde til hensigt at optage netspærringerne ved Lillebælt, i Sundets sydvestlige del og i Gedser-strædet. Optagning af nettene ved Lillebælt må være afslut-tet i begyndelsen af november 1940, for den 6. november kunne EfS meddele, at spærreområdet var ophævet og frigivet til sejlads.

Ubootabwehr-Sperre

Dette mere end 150 km lange og 3,7 km brede spærreområde med dets spærringer, betegnet 'Jade' + et nummer, har også været plan-lagt, men jeg har ikke fundet kildemateriale, der direkte omhandler en sådan planlægning.

Det kan imidlertid udledes af de tyske dokumenter hvilke spær-ringer, der var planlagt inden krigsudbruddet. Det drejer sig om *Jade 1 – 6*, der kun omtales med deres 'stikord'. Position, minetype, antal miner osv. var kendt af de involverede parter. Da M.Gr.Ost midt i oktober fandt det påkrævet yderligere at etablere spærringerne *Jade 7 og 8*, samt forlænge *Jade 1* anførtes alle nødvendige oplysninger i en ordre til BSO.

Den 8. september meddelte EfS med Rügen Radio som kilde, at der var udlagt hindringer, der udelukkede fiskeri i et 2 sm bredt bælte, som strakte sig fra den danske søterritorialgrænse og ud i

---

[JJ] Det er altså ikke korrekt, når Jens Andersen 2007 s. 19, 48, 84 & 87 og Bech s. 37 viser spærreområdet som et 'søminefelt'.

internationalt farvand mellem meridianerne $10^0\,05$'E og $12^0\,05$'E, dvs. fra syd for Als til øst for Gedser. At 'hindringerne' kun generede fiskeriet og ikke sejladsen indikerer, at der må være tale om dybtstående miner, altså ubådsminer.

I forbindelse med udlægning af netspærringen *Jade 1* d. 20. september blev det i EfS bekendtgjort, at hele spærreområdet også var farligt for skibsfarten. Samtidig blev der givet sejlanvisning gennem og uden om området syd for Storebælt og Lillebælt.

De enkelte spærringer er gennemgået nedenfor.

Jade 1:

Var planlagt som minespærring, men 13. september skriver Skl, at M.Gr.Ost havde til hensigt at udlægge net i stedet for miner, og en uge senere, at udlægning af netspærring *Jade 1* sydøst for Lillebælt var begyndt. D. 23. september. meldtes spærringen udlagt.[79]

Af en ordre d. 17.10. til BSO og tilstillet Skl til orientering fremgår bl.a., at *Jade 1* skulle forlænges fra $54^0 46{,}2$'N, $10^0 22{,}7$'E, der var dens endepunkt, til $54^0 45{,}7$'N, $10^0 26{,}8$'E. Kursen angives til 102^0 og strækningen til 2,4 sm. Der skulle udlægges 9 km net dobbelt fra 12 m til havoverfladen, så snart ny netbeholdning var til rådighed.

Det må være rimeligt at antage, at den allerede udlagte del af *Jade 1* har strakt sig mod VNV, formentlig helt op til *Kleiner Bär*. Om forlængelsen blev udlagt, er uvist, men næppe sandsynligt.

Jade 1 blev taget op allerede medio december 1939.[80]

Jade 2:

Minespærring med 194 UMA udlagt i 10 m's dybde. Middelafstanden mellem minerne kan beregnes til 30 m. Spærringen er kun fundet omtalt i OTM. Det er ikke fundet, hvornår den er udlagt, men det må antages at være sket indenfor de to første uger af september 1939.

Der er tilsyneladende ikke efterfølgende gjort forsøg på at fjerne mulige miner, da både *Jade 2* og *Jade 3*'s positioner gennem en lang årrække blev optaget i EfS nr. 1 med følgende tekst: "På grund af formodning om tilstedeværelse af bundminer eller andre sprængfarlige genstande (herunder krigsgas) advares mod ankring, fiskeri med bundslæbende redskaber samt arbejde på havbunden i de i søkort viste områder omkring positionerne (…)."

Jade 3:

Minespærring udlagt d. 7. september mellem kl. 5.29 og 6.01 af mineskibet PREUSSEN. Spærringen bestod af 220 UMA i 2 rækker med henholdsvis 121 og 99 miner.[81]

Middelafstand mellem minerne er beregnet til ca. 25 m. Ifølge OTM var dybdeindstillingen 10 m.

Eventuelle tilbageblevne miner er ikke forsøgt fjernet, jf. *Jade 2*.

Jade 4:

Oplysninger om position, antal mine m.m. er kun fundet hos Kutzleben. Dette hænger utvivlsomt sammen med, at spærringen blev fjernet allerede i sommeren 1940. I OTM er kun noteret, at den er "geräumt", og at minedybden var 10 m. Det må imidlertid antages, at minerne i hvert fald over en strækning har ligget dybere, da de tyske såkaldte lommeslagskibe, der fuldt lastede havde en dybgang på op mod 11 m, skulle kunne passere.

Kutzleben oplyser, at spærringen blev udlagt d. 8. september mellem kl. 5.59 og 6.31 fra 54^{0}40,2'N, 10^{0}49,7'E til 54^{0}40,9'N, 10^{0}48,5'E af HANSESTADT DANZIG. Den bestod af 247 UMA i 2 rækker.[82]

Oplysningerne om position og mineantal giver imidlertid anledning til undren. Retning er ret præcist NV-SØ, hvilket på dette sted

ikke umiddelbart forekommer at være den mest hensigtsmæssige mi-
nelinje, hvis man ønskede at forhindre ubåde i at trænge ind i Øster-
søen. Spærringens længde, knap 2.000 m, sammenholdt med mine-
antallet giver en beregnet middelafstand mellem minerne på 16 m
udlagt i 2 rækker. Til sammenligning kan middelafstanden i *Jade 2,
3* og *6* beregnes til henholdsvis 30, 25 og 30 m, og afstanden i de
planlagte spærringer *Jade 7* og *8* var fastsat til 25 m. Endvidere ville
et stykke af spærringen ligge uden for spærreområdet.

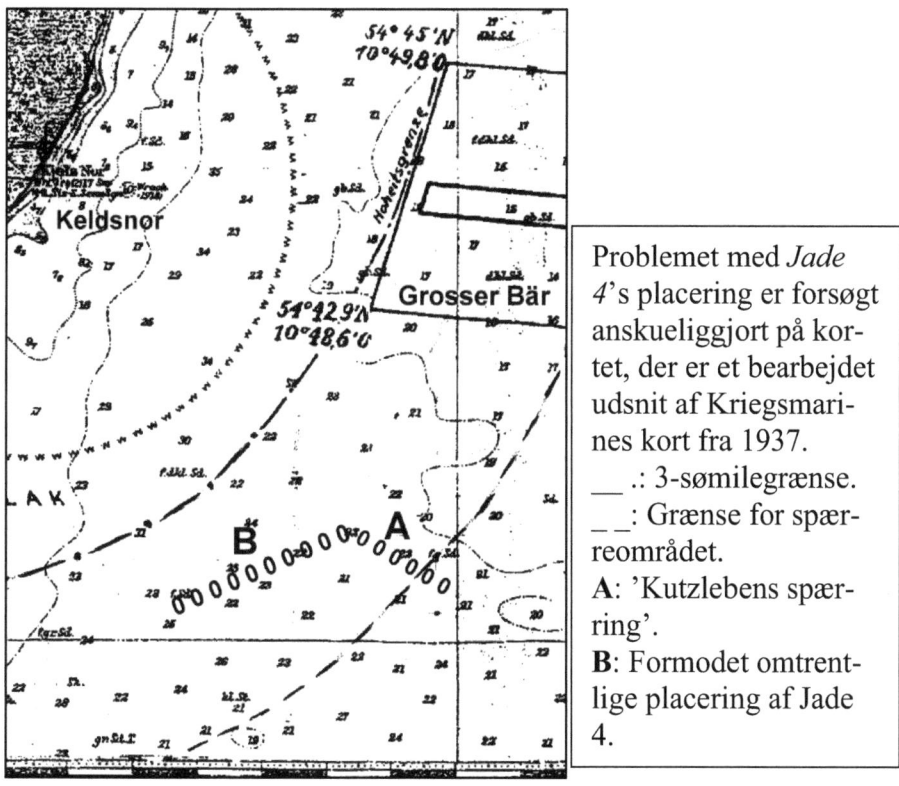

Problemet med *Jade
4*'s placering er forsøgt
anskueliggjort på kor-
tet, der er et bearbejdet
udsnit af Kriegsmari-
nes kort fra 1937.
___.: 3-sømilegrænse.
_ _: Grænse for spær-
reområdet.
A: 'Kutzlebens spær-
ring'.
B: Formodet omtrent-
lige placering af Jade
4.

Det må derfor være nærliggende at antage, at Kutzlebens oplys-
ninger om position og/eller mineantal ikke er korrekte. Det er min

vurdering, at det er SØ-koordinaterne, der er forkerte. Spærringen må have ligget i mere øst-vest- eller nordøst-sydvest gående ret-ning,[KK] hvis den skulle være effektivt mod nordfra kommende ubåde. Et mineantal på 247 forekommer ikke usandsynligt, og med en middelafstand mellem minerne på 25 m, som i *Jade 3*, har spær-ringen med 2 minerækker haft en længde på godt 3 km.

At spærringen var placeret i et vigtigt farvandsområde, finder jeg bekræftet i 2 forhold:

a. Kutzleben skriver, at spærringen kun skulle være virksom mod ubåde, mens overfladefartøjer farefrit skulle kunne passere. Derfor blev det efterfølgende kontrolleret, at minerne lå i den befalede dybde, og alle for højtstående miner blev ødelagt. Denne forholdsre-gel gjaldt i alle felter med ubådsminer,[83] men det er sikkert ikke no-gen tilfældighed, at Kutzleben specielt nævner det i forbindelse med *Jade 4*, hvor mange også meget store skibe kunne forventes at pas-sere.

b. I en rapport d. 31.10. henviser Skl. til, at Mar.Gr.Ost igen fore-slår en forlængelse af *Jade 4* fra østenden mod nord til ½ sm fra "das Warngebiet", hvormed der må menes *Grosser Belt-Sperre*. En forlængelse mod nord af østenden af 'Kutzlebens spærring' ville be-tyde, at spærringen dannede en spids vinkel, hvilket forekommer meningsløst.

Jeg finder det derfor mest sandsynligt, at *Jade 4* blev udlagt i syd-vest-nordøstgående retning i det vigtige farvand syd for Langeland og *Grosser Belt-Sperre*.

Kutzleben skriver endvidere, at der var formodning om tilstede-værelse af en eller flere fjendtlige ubåde i den vestlige del af

---

[KK] En minespærring vil være mest effektiv, hvis den ligger på skrå af den alm. sejlretning.

Østersøen, da *Jade 4* skulle udlægges. Derfor gav kaptajnen på HANSESTADT DANZIG de ledsagende minestrygere ordre om at kaste nogle dybdebomber. Detonationerne, der kunne høres på lang afstand, skulle få en eventuel fjende til at tro sig opdaget og afholde sig fra at angribe.[84]

Den 10. september noterede Rechnitzer i sin dagbog, at der fra Keldsnor på Sydlangeland var blevet meddelt, at ca. 50 tyske miner i minefeltet var eksploderede. "Enten maa de vel være for følsomme, eller ligge relativt Klos paa hinanden, saa at naar en af dem gaar, kan en hel Række følge med", skriver han.

Mon ikke det var dybdebomberne, man hørte på Keldsnor?

Som nævnt blev *Jade 4* fjernet allerede i sommeren 1940. Den 5. juli skrev Skl, at Mar.Gr.Ost havde beordret *Jade 4* ryddet, da hyppige fjendtlige flyangreb i området gjorde eftersøgning med magnetisk minesøgningsudstyr nødvendigt. – Spærringen har åbenbart været til gene, når de engelske luftminer skulle fjernes. Knap 2 uger senere meldtes rydningen afsluttet.[85]

Jade 5:

Det er tvivlsomt om denne spærring blev etableret, og hvis den blev, om det så var en net- eller en minespærring.[LL]

Skl skriver 13. september, at Mar.Gr. Ost havde til hensigt at udlægge *Jade 5* (og *Jade 1*) som net- i stedet for som minespærring, men at O.d.Ost tog forbehold vedr. *Jade 5*.[86] Derefter er spærringen ikke fundet omtalt, hverken i 'Kriegsmarine's papirer eller hos Kutzleben.

Den 16. juni 1940 fremførte Skl, at man i betragtning af den nye situation, der var opstået i Østersøen efter udlægningen af netspær-

---

[LL] Det er uklart, hvorfor man her har brudt et tilsyneladende princip om, at de før krigen planlagte jade-spærringer lå i nummerrækkefølge med laveste nr. mod vest.

ringerne ved Bælternes og Sundets nordlige indgange ikke længere anså Gedser-spærringen for nødvendig, og for at spare såvel personel som materiel forekom en snarlig optagelse for hensigtsmæssig.

Formentlig som en reaktion på dette, meldte Mar.Gr.Ost dagen efter, at man havde til hensigt at optage netspærringerne ved Lillebælt, i Sundets sydvestlige ende og ved Gedser Rev.[87]

Der nævnes altså ikke noget om en netspærring ved Storebælt, og der forekommer ingen indlysende grunde til, at man netop skulle have ønsket at bibeholde denne.

I OTM angives spærringen at ligge mellem $54^0 39,8$'N, $11^0 12,7$'E og $54^0 40,55$'N, $11^0 6,0$'E. Under mineantal og –type er kun anført et spørgsmålstegn.

Det er min vurdering, at *Jade 5* ikke blev etableret.

Jade 6:

Minespærring udlagt d. 20. september mellem kl. 8.42 og 9.18 af PREUSSEN. De 242 UMA blev udlagt i 2 rækker med 121 i hver.[88] Middelafstand mellem minerne er beregnet til ca. 30 m. Ifølge OTM var dybdeindstillingen 5 m.

Kutzleben anfører, at dette var den sidste mineopgave syd for Storebælt.

Det må være denne udlægning Rechnitzer omtaler i sin dagbog d. 21. september, hvor han skriver, at to fiskere omkring d. 20. havde set mineudlægning fra tyske minefartøjer sydøst for minefeltet.[MM] Minerne var udlagt på ca. 3 favne (6 m vand), hvilket efter kortet skulle betyde 1 - 1,5 sm fra land, altså klart inde på dansk område. Rechnitzer finder det imidlertid lidet sandsynligt, "(…) at Tyskerne stik mod alle deres Erklæringer skulde udlægge Miner paa

---

[MM] Må være Grosser Belt-Sperre.

dansk Søterritorium lige for Næsen af danske Fiskekuttere. Så havde de sikkert kastet et Par Røgbomber i Forvejen for at skjule Udlægningen." Tre dage senere noterer han da også, at det synes at dreje sig om en udvidelse af minefeltet, og at det i hvert fald er sket uden for dansk søområde.

Jade 7 og 8:

Da M.Gr.Ost midt i oktober vurderede, at engelske ubåde ville angribe i Østersøen, beordredes BSO d. 17. oktober til at udlægge spærringerne Jade 7 og 8.[89] Formålet var at lukke 'hullerne' mellem Jade 3 og 4 og mellem Jade 3 og 2. Skl annullerede imidlertid foreløbig ordren, da man ikke forventede noget særligt resultat af de nye spærringer. Desuden henviste man til de små beholdninger af miner.[90]

Jade 7:

Var planlagt udlagt fra 54°40,1'N, 10°38,8'E over 54°39,3'N, 10°40,3'E til 54°39,9'N, 10°43,5E, hvilket svarer til 3 sm. Der skulle anvendes 222 UMA udlagt i 10 m's dybde med en middelafstand på 25 m.

Jade 8:

Skulle gå fra 54°42,4'N, 10°34,5'E over 54°44,1'N, 10°31,7'E til 54°45,2'N, 10°31,4'E, i alt 3,5 sm. Der skulle på denne strækning udlægges 259 UMA i 10 m's dybde og med 25 m's afstand. Desuden skulle der udlægges 23 UMA i den dybe rende med over 20 m's vanddybde, i alt 0,3 sm. Disse miners ankerkabel skulle indstilles til 8 m, så minerne kom til at stå i fra 13 til 21 m's dybde.

Jade ?:

Bachmann angiver på sit ene kort (se s. 76) en ca. 15 km lang øst-vestgående netspærring syd for Gedser. Ifølge den tilhørende tekst lå den nøjagtig på grænsen til det danske højhedsområde. Da den var beliggende inden for spærreområdet, burde den have betegnelsen 'Jade' + et tal, evt. 9.

En spærring som angivet af Bachmann er ikke fundet omtalt i det gennemgåede kildemateriale, og han er desværre ikke særlig specifik i sine kildehenvisninger, så hans oplysning har ikke kunnet efterprøves. Den angivne placering havde givet problemer for især færgetrafikken mellem Gedser og Warnemünde, og enten skulle der have været etableret en åbning i spærringen, eller også skulle der have været angivet en sejlanvisning uden om spærringen. Hvad enten det havde været det ene eller det andet, ville det være blevet meddelt i EfS.

Det er min vurdering, at der ikke blev udlagt en netspærring som anført af Bachmann.

Sperrung Gjedser-Enge.

Der blev, som Bachmann også anfører, etableret en netspærring fra den danske 3-milegrænse syd for Gedser og til Pommern hen over Kadetrenden. Denne spærring omtales i kilderne som *Gjedser-Enge* eller *Gjedser-Sperre*.

Den 18. oktober viderebragte EfS en meddelelse fra det tyske gesandtskab om et fareområde fra den danske søterritorialgrænse syd for Gedser til den tyske kyst. Samtidig blev det bekendtgjort at GEDSER REV FYRSKIB var inddraget.

Det Kongelige Søkort-Arkiv betegnede det som et 'minefelt', men det er et eget gæt, for det siger meddelelsen fra gesandtskabet intet om, og det var i virkeligheden en netspærring, - sådan da.

Den 22. oktober sendte stabschefen for M.Gr.Ost nemlig en 'Geheime Kommandosache!' til Skl. og meddelte, at der i stedet for den planlagte netspærring i Gedser-strædet var udlagt en skinspærring, der var markeret med bøjer. Kun 1 km i den vestlige ende var etableret med net ned til 12 meters dybde.[91]

Men skinspærringen havde åbenbart ikke helt den ønskede effekt, for den 2. november noterede Skl., at spærringen efter de hidtidige iagttagelser blev omgået på dansk side gennem en 5 m dyb sejlrende, og at den opfattelse i øvrigt gjorde sig gældende, at spærringen ikke var 'rigtig udlagt' ('scharf ausgelegt'), da skibe havde passeret den uden problemer. Først i midten af december meldtes spærringen helt færdiggjort med en enkelt række net gennem hele farvandet.[92]

Som tidligere nævnt, meldte M.Gr.Ost i juni 1940, at man havde til hensigt at fjerne en række 'gamle netspærringer', bl.a. i Gedserstrædet. Sidst i juli gik man i gang, og 14 dage senere blev spærringen meldt fjernet.[93]

Men Kriegsmarine har åbenbart af ikke-klarlagte årsager ønsket, at spærreområdet skulle bibeholdes, for først primo marts 1941 meddelte EfS, at det spærrede område mellem Gedser Rev og Dars atter var frigivet til sejlads.[94]

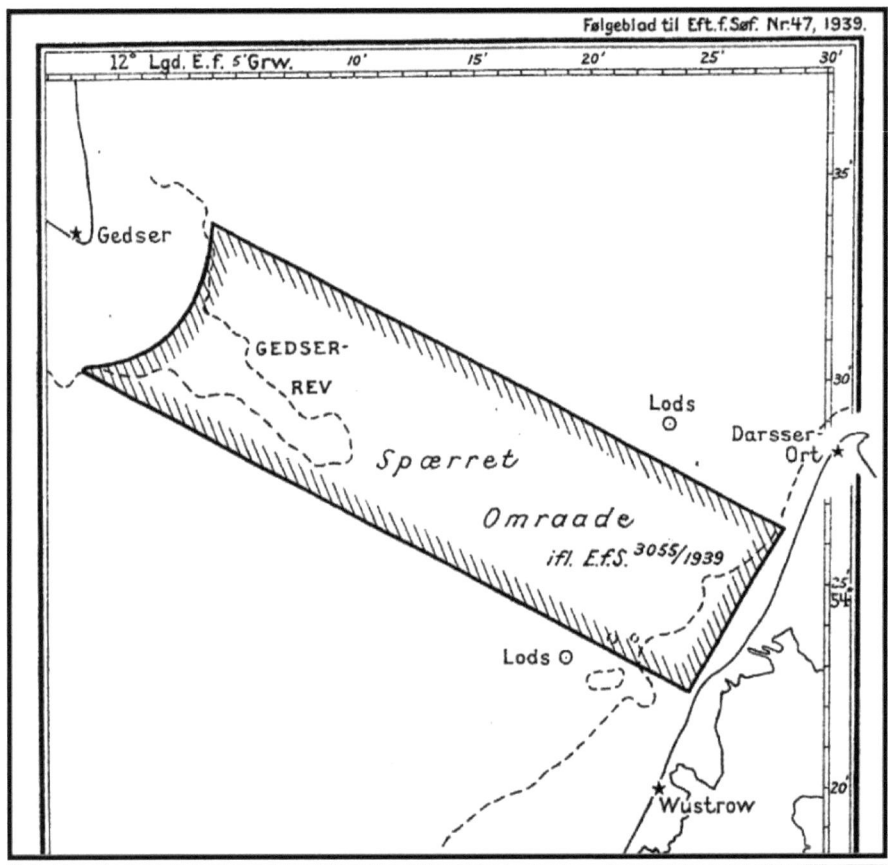

Samtidig med meddelelsen bragte EfS denne kortskitse. Den er be-
tegnet som: "Kort over Minefeltet Gedser - Dars."

Det kgl. Bibliotek.

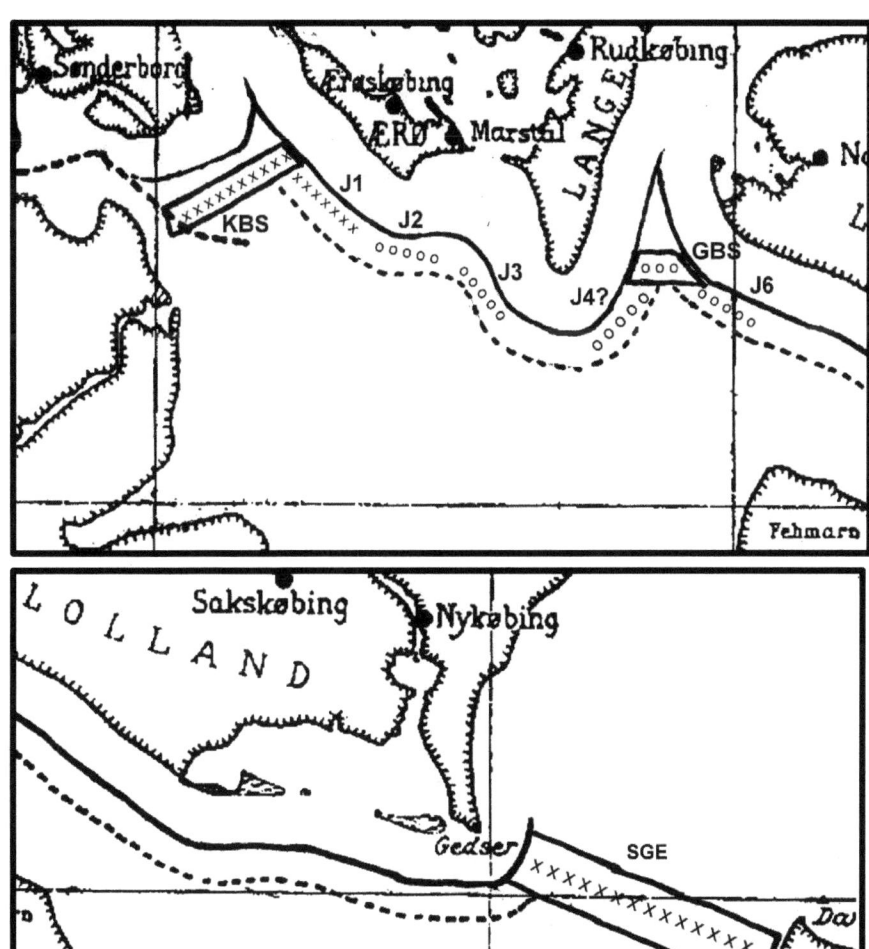

Oversigt over de tyske spærringer.
-----: 3-sm grænse. - - - : Grænse for Ubootabwehr-Sperre
x x: Netspærring. o o: Minespærring. KBS: Kleiner Belt-Sperre,
GBS: Grosser Belt-Sperre, SGE: Sperrung Gjedser-Enge. J1 osv:
Jade-spærringer.

Sammenlign med Bachmanns kort s 75 & 76.

De danske spærringer.

Generelle forhold:

Allerede om aftenen d. 16. nov., samme dag som den tyske marineattaché første gang havde henvendt sig i Marineministeriet, gik man i Søværnskommandoen i gang med at forberede udlægning af spærringer i Bælterne.

Det tyske forslag om udlægning af ubådsnet, som man fra tysk side helst så blev anvendt, og som Danmark fik tilbud om at kunne købe eller leje af Tyskland, blev afvist fra dansk side, da man, som Rechnitzer (d.16.11.) skriver, ("…) naturligvis skal (vi) undgaa at faa hertil sejlende Materiel fra Tyskland, i hvert fald ikke saaledes, at det kan faa Karakter af Samarbejde (…)".

Det var ligeledes et ønske fra tysk side, at de danske spærringer kom til at ligge umiddelbart op til de tyske, hvilket man fra dansk side heller ikke ville imødekomme. Der skulle være afstand mellem de to landes spærringer. Igen har det være for at undgå, at det udadtil skulle give indtryk af samarbejde.

Endnu et forhold var de to lande i begyndelsen lidt uenige om: Lodstjenesten.

På de første møder mellem Søværnskommandoen og den tyske marineattaché var tjenesten ikke blevet berørt nærmere, men den 22. mødte Henning op med et forslag til forholdsregler, der efter tysk opfattelse var nødvendiggjort af de danske spærringer. Det indebar bl.a., at danske og andre neutrale landes skibe skulle lodses af tyske lodser på vej fra nord til syd, men fra syd til nord af danske lodser.

Fra dansk side havde man fra begyndelsen været indstillet på, at danske lodser skulle betjene skibene i begge retninger. Det blev forelagt marineattacheen, og efter han havde konfereret med Berlin, blev det resultatet. Der blev lejet 8 fiskekuttere som lodsfartøjer. I øvrigt var der ikke lodstvang.

Tyske marine- og handelsfartøjer skulle imidlertid betjenes af tyske lodser i begge retninger.

Der var desuden enighed om, at bevogtningen af de danske spærringer var et rent dansk anliggende.[95]

Som øjeblikkelig foranstaltning var flådefartøjer d. 18. beordret til Storebælt og Lillebælt til vagt- og bevogtningstjeneste. For Storebælt vedkommende drejede det sig om inspektionsskibet HVIDBJØRNEN og 1. torpedobådsgruppe bestående af 3 fartøjer. Til Lillebælt blev afsendt værkstedsskibet HENRIK GERNER samt 1. minestrygergruppe, ligeledes med 3 fartøjer. Torpedobådene og minestrygerne skulle medføre dybdebomber. Som afløsningsskibe for de store fartøjer indgik inspektionsskibet INGOLF og opmålingsskibet HEJMDAL.[96]

Afmærkning med lys og koste af gennemsejlingsåbningen i hver af de to spærringer blev udlagt fra d. 21. til 23.november, og fyrskibe nord og syd for åbningen blev i Store Bælt udlagt d. 21. og 25. og i Lillebælt d. 23. og 25.[97]

Om udlægningen af minerne står der i Generalrapporten (s. 74): ”Saavel i Store-Bælt som i Lille-Bælt havde ugunstige Vejr- og Strømforhold medført, at Udlægningen af disse – ikke i forvejen rekognoscerede – Minespærringer i høj Grad blev vanskeliggjort og forsinket.”

Slipshavn blev anvendt som kommandostation og basishavn for mineskibene. En næsten færdigbygget kaserne til brug for øvelser med ubåde blev i hast gjort klar, men pladsen var meget trang. Kasernen var beregnet til 23 befalingsmænd og værnepligtige, men nu kom den til at rumme 45 officerer, befalingsmænd og værnepligtige.[98]

Anvendte danske kontaktminer:[99]

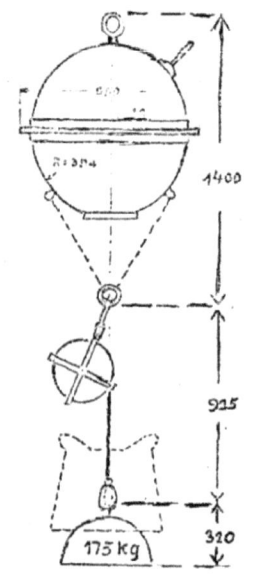

Type 9a: Minekassens vægt: 190 kg.
Opdrift: 75 kg. Ladning: 58 kg.

Type 9g: Minekassens vægt: 183 kg.
Opdrift: 100 kg. Ladning: 87 kg.

Type 11: Oplysninger ikke fundet.

Dansk Kontaktmine, type 9a.
Efter Borch

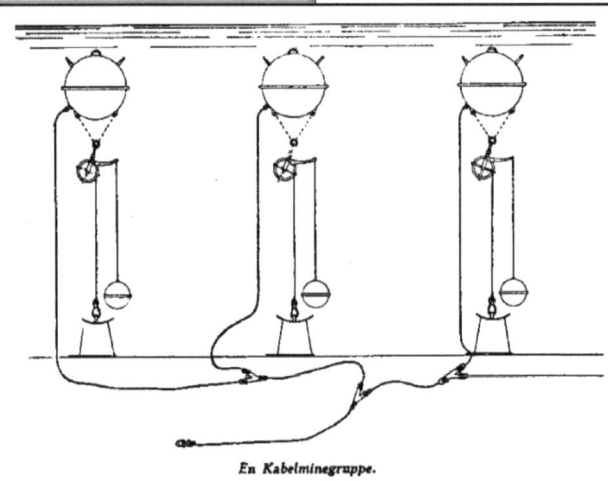

En Kabelminegruppe.

Kabelminegruppe.
Før og under selve Udlægningen hviler Minerne oven-
paa deres Ankre, der har Form som en Spand.

Minerne kunne
fra land gen-
nem kablerne
armeres og
desarmeres.

Efter Forsvarsbogen

Storebælt-spærringen

Rechnitzer begrunder i dagbogen d. 16.11., hvorfor det blev valgt at lægge spærringerne mellem Langeland og Albuen på Lolland, med: "At lægge Spærringerne nordligere for Eksempel ved Thurø Rev[NN] eller mellem Omø og Hov[OO] kan vel umiddelbart se ret tiltalende ud, men dels vilde der blive for stor Afstand mellem de tyske Spærringer og vore, til at disse kunde faa nogen Betydning over for det tilsigtede Formaal, dels risikerer[PP] vi, at de tyske Vagtskibe trækkes nordover, med alle deraf følgende Ubehageligheder. Endelig har vi Interesse i, at Trafikken til og fra de danske Havne og indre Farvande, berøres i saa ringe Udstrækning som muligt. Men morsomt er det ikke, selv om der vel ikke rent neutralitetsmæssigt set, kan indvendes noget mod de nævnte Foranstaltninger."

I en parentes s. 58 uddyber Generalrapporten problemerne med det valgte spærreområde: " (Som Følge af, at det Omraade, indenfor hvilket Minespærringerne i Henhold til Aftalen med den tyske Marineattaché skulde udlægges, var meget begrænset, kunde der ved Spærringernes Placering ikke tages Hensyn til, at Bundforholdene i Store-Bælt indenfor dette Omraade ikke var gunstige set fra et mineteknisk Synspunkt.)"

Den 22. november begyndte udlægningen af de i alt 168 miner, der blev udlagt således (se næste side):
i 4 m's dybde: Grupperne 1-5 og 8-14
i 8 m's dybde: Grupperne 6-7, 22-23, og 26-27
i 10 m's dybde: Grupperne 15-16 og 19-21
i 13 m's dybde: Grupperne 17-18

[NN] Mellem Langeland og Turø syd for Fyn.
[OO] På Langeland
[PP] I Bjerg/Rechnitzer, s. 176 står 'tillader'!

i 16 m's dybde: Grupperne 29-30
i 20 m's dybde: Grupperne 24-25.

Der var oprindelig planlagt en gruppe 13 i 4 m's dybde og en gruppe 28 i 8 m's dybde. I stedet blev udlagt grupperne 29-30.

Af de udlagte miner var 108 af typen 9a og 60 af typen 9g. Kabelforbruget udgjorde i alt ca. 61,5 km, og minerne blev armeret efterhånden som de blev lagt ud.

Rechnitzer skriver 21.11.: "Forberedelserne til Mineudlægningen i Storebælt er allerede skredet godt fremad. Kabelstationen på Langeland er indrettet i et Sommerhus, der er lejet for 600 Kr. aarlig og er vel egnet til Formaalet, paa Albuen i et af Lodshusene."

Den 12.12. var udlægningen færdig.[100]

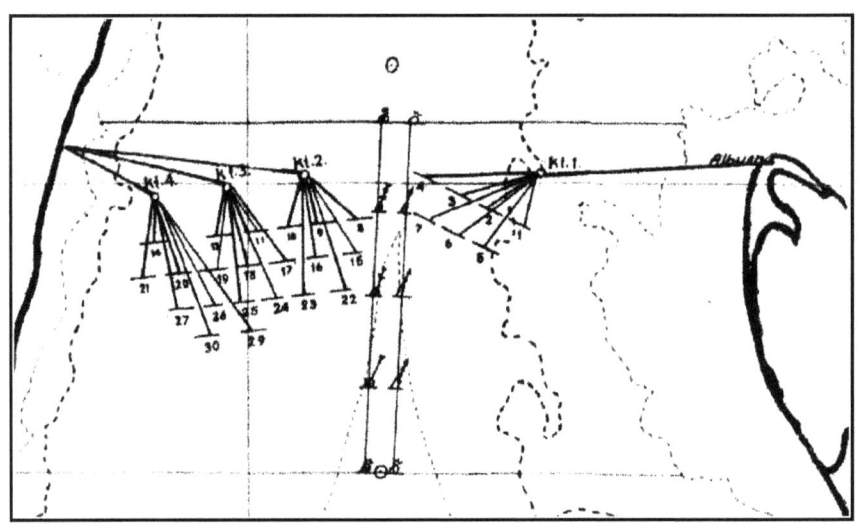

Oversigt over minelinjer og minegrupper i Storebælt.
Gennemsejlingsåbningen var 400 m bred.
Sammenlign med kortet på bogens side 1.
Generalrapporten.

Lillebælt-spærringen.

Den 4. december skriver Rechnitzer: "Minefartøjerne fra Store-bælt er til Morgen på Vej til Lillebælt, for at paabegynde Udlægningen her. Vi har ment det rigtigt at faa nogen Udlægning i Lillebælt, frem for at vente til Storebæltsspærringen kunde være helt gennemført. Vejret er desværre stadig lidet egnet til Formaalet."

I Generalrapporten (s. 75) uddybes dette: "Aarsagen til, at Mine-udlægningen i Store-Bælt blev afbrudt fra den 3/12 til 12/12 for i denne Periode at etablere en Spærring i Lille-Bælt omfattende 4 Grupper, var Søværnskommandoens Ønske om snarest at kunne meddele den tyske Marineledelse, at Mineudlægninger i begge de omhandlede Farvandsafsnit virkelig havde fundet Sted, da det, efter at Beslutning om Mineudlægningerne var taget, under flere Besøg, som den tyske Marineattaché i København aflagde i Søværnskommandoen, havde vist sig, at man fra tysk Side lagde megen vægt her-paa."

Der blev i alt udlagt 252 miner, 138 af typen 9a, 12 af typen 9g og 102 af typen 11. Kabelforbruget var på ca. 88 km.

I de nordligste minelinjer var dybdeindstillingen 4 m, i de midterste 15 m og de sydligste 25 m.

Udlægningen var færdig d. 3.1. 1940. Der blev oprettet kabelstation for den vestlige del på Als og for den østlige del på Ærø.

Den 5.1. var alle miner armerede.

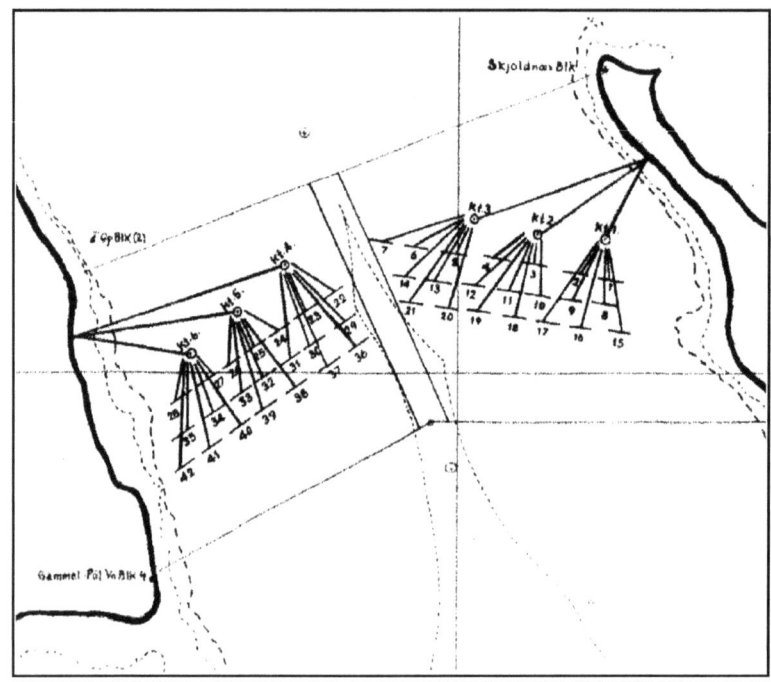

Oversigt over minelinjer og minegrupper i Lillebælt.
Gennemsejlingsåbningen var 400 m.
Sammenlign med kortet på s. 115.
Generalrapporten.

Spærringerne i Bælterne kræves udvidet.

Den 9. januar 1940 havde kommandør Hammerich møde med den tyske marineattache. Rechnitzer skriver samme dag herom: "Det drejede sig om Bæltspærringen i Langelandsbæltet. Fra tysk Side var man urolig over, at en tysk Fiskekutter for nogen Tid siden, skulde været passeret uden om Spærringen paa Langelandssiden langs Landgrunden i ca. 5 Meter Vand og oven i Købet havde faaet at vide, at der ingen Fare var herved. Efter Aftale med Hammerich træffer vi nu Foranstaltning til Udlægning af en ekstra Minegruppe paa begge Sider og inde paa det flakke Vand. Endvidere spurgte Marineattacheen om Muligheden for Udlægning af tyske selvvirkende Miner ved den sydlige Udgang af Gennemsejlingsaabningen. Dette er vi mere betænkelige ved, da det for stærkt nærmer sig et tysk/dansk Samarbejde, der kun er lidet opportunt."

Næste dag gav Søværnskommandoen direktiv om, at spærringerne i begge Bælter skulle udvides. I Storebælt skulle der udlægges 2 grupper øst for spærringen og 1 gruppe vest for, alle med en dybdeindstilling på 3 m. Desuden skulle der i gennemsejlingsåbningen nordlige del udlægges en gruppe i 12 m's dybde.

I Lillebælt skulle udlægges 2 grupper både øst og vest for spærringen. Også her skulle dybdeindstillingen være 3 m. I gennemsejlingsåbningens nordlige del skulle udlægges 2 grupper med dybdeindstillinger på 12 og 18 m.[101]

Men tyskerne havde en noget anden forestilling om, hvad der burde ske. Generalrapporten anfører herom: "Ved et Besøg i Søværnskommandoen den 2/2-40 præciserede den tyske Marineattaché i København, hvilke Krav der maatte stilles til de danske Minespærringer i Bælterne, for at de efter den tyske Marineledelses Mening kunde betegnes som helt effektive.

De tyske Krav til Spærringernes Effektivitet kan sammenfattes i følgende:

Spærring i Lille-Bælts-Gennemsejlingen: Fra bunden til 12 m's Dybde. Paa Grund af Dybdeforholdene menes 2 Minelinier at være nødvendige her.

Spærring i Stor-Bælts-Gennemsejlingen: Fra Bunden til 15 m's Dybde.

Det maa være udelukket, at de dybtstaaende Spærringer i Gennemsejlingerne kan omgaas, hvorfor de maa udlægges i Tilslutning til en Minelinie paa hver Side, saa der ikke bliver noget nævneværdigt Mellemrum mellem Spærringssystemet i og udenfor Gennemsejlingerne.

For at gøre Spærringerne helt effektive, maa det anses for nødvendigt, at de føres ind til 5 m-Kurven langs Kysterne – og i den Udstrækning det er muligt ind til 4 m-Kurven, for at gøre det umuligt for selv smaa U-Baade i uddykket Tilstand at passere langs Kysten."

På grund af issituationen og begivenhederne den 9. april blev disse udvidelser dog aldrig gennemført.

Grønsund-spærringen.

I meddelelsen d. 20. november om spærring af adgangsvejene til Østersøen hedder det: " Minespærringer (vil) blive udlagt ved de vestlige Adgange til Smaalandsfarvandet."

Rechnitzer skriver samme dag: "Man holdt fra Udenrigsministerens Side stærkt paa Udlægningen af Miner ind til Smaalandsfarvandet (…). Vi gjorde fra vor Side opmærksom paa, at Smaalandsspærringerne vilde stille materielle og personelle Krav, som vi hvert Fald for Tiden ikke kunde honorere. Men naar de andre Spærringer er udlagte, finder vi nok en Udvej paa den ene eller anden Maade."

Derefter har Søværnet tilsyneladende ikke beskæftiget sig med denne spærring, men fra tysk side har man fulgt nøje med i, hvad der skete. På et møde med Hammerich d. 5. december havde marineattacheen således udtalt, "(…) at man i Marineledelsen med Interesse havde set, at vi paatænkte at spærre de vestlige Adgange til Smaalandsfarvandet og henstillede om der ikke var anledning til at gøre det ved Storstømsbroen."[102.]

Nu fik man kigget på sagen, og dagen efter kunne Rechnitzer notere, at der " (…) overvejes Muligheden for Udlæggelse af en mindre Minespærring i Grønsund ud for Borgsted Batteriet."[QQ]

Den 4. januar udsendte EfS en advarsel, hvori det bl.a. hedder:

"Fra den 5. d.M. Kl. 1200 er al Sejlads uden forudgaaende Sejlanvisning paa Grund af Minespærringsforanstaltninger forbudt i Grønsund (…).

Øst og Vest for det spærrede Omraade vil der være stationeret Vagtskibe (…)

Alle Skibe og Fartøjer, der ønsker at passere det spærrede Omraade skal i god Tid forinden stoppe og afvente Vagtskibenes Sejlanvisning."

Spærringen blev etableret som en kabelminespærring med 2 x 6 miner nord for gennemsejlingsåbningen og 3 miner syd for, alle af typen 9a. Kabelforbruget var 2,7 km.

Minerne er blev taget op i maj 1940, for d. 22. maj oplystes det i EfS, at de spærrede områder var frigivet til sejlads.

For at dække spærringen blev Borgsted Batteri på Møn bemandet. Det havde stået mere eller mindre ubemandet siden afslutningen af 1. verdenskrig. Kun i forbindelse med øvelser og uddannelse af personel havde det været bemandet. Nu tilgik der ca. 45 mand fra kystdefensionen, så batteriets 2 stk. 12 cm kanoner kunne betjenes.[103]

Men P. Munch havde åbenbart ikke helt opgivet tanken om at spærre de vestlige adgangsveje til Smålandshavet, for på Det udenrigspolitiske Nævns møde d. 5. 1. 1940 udtalte han, at "man ved nærmere Undersøgelse (var) kommet til det Resultat, at det var bedst at begynde mod Øst. Det paatænktes senere at udlægge mod Vest,

---

[QQ] Hvilket må siges at være den klart enkleste løsning.

saaledes at Smaalandshavet blev helt lukket." En sådan udlægning er imidlertid ikke omtalt i Generalrapporten.

Grønsundspærringen fik indirekte en rolle ved besættelsen af Danmark d. 9. april. Det var nemlig vigtigt for den tyske hærledelse, at Storstrømsbroen blev erobret intakt. Det blev pålagt Kriegsmarine at undersøge muligheden for at gennemføre erobringen. Men herfra var svaret, at den nemmeste rute til broen gennem Grønsund nu var spærret, og at ruten gennem Smålandshavet var for lang. Der var stor risiko for at blive opdaget, så overraskelsesmomentet kunne gå tabt.[104] Derfor valgte hærledelsen at anvende faldskærmstropper til erobring af broen. Det var første gang sådanne tropper blev anvendt ved en militær operation under 2. verdenskrig.

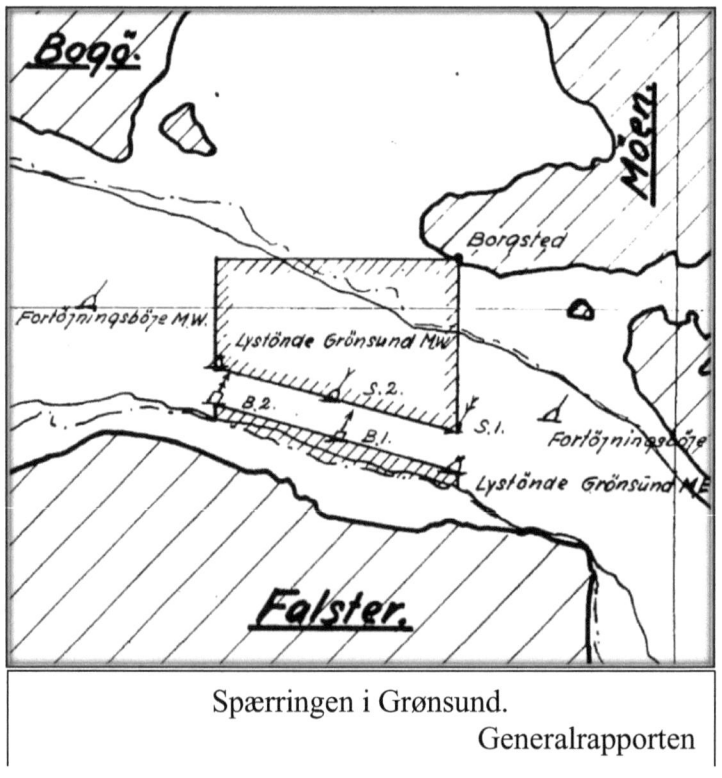

Spærringen i Grønsund.
Generalrapporten

Als Sund-spærringen.

Ingen nok så lille adgangsvej til Østersøen undgik tyskernes opmærksomhed, for på mødet med Hammerich d. 5. december havde Henning desuden gjort "(…) opmærksom paa Ønskeligheden af, at ogsaa Als Sund spærredes."[105] Et ønske man fra dansk side straks gik i gang med at opfylde, Rechnitzer skriver nemlig dagen efter:

"Fyrdirektøren rejser i Aften til Sønderborg for at undersøge Mulighederne for en Spærring af Als Sund, antagelig Syd for Jernbanebroen,[RR] omtrent ud for Slottet, hvor Farvandet er ret indsnævret."

Den 4. januar blev i EfS udsende følgende:

"Fra den 5. ds. vil der ved den Sydlige Indsejling til Sønderborg Havn blive etableret en Net- og Kædespærring.

Spærringen udgaar fra et Punkt lidt Syd for Sønderborg Slot i Vestlig Retning til den modsatte Kyst.

Spærringen vil normalt kunne passeres af saavel Nord- som Sydgaaende Skibe med indtil 6 m Dybgaaende.

Hvis Forholdene medfører Lukning, vil al Sejlads til Sønderborg Havn Sydfra samt Gennemsejling af Spærringen Nordfra være forbudt om Natten, medens Spærringen om Dagen (fra Solopgang til Solnedgang) vil kunde passeres, hvis Omstændighederne iøvrigt tillader det."

Den 17. januar oplyses det endvidere i EfS, at der er en 40 m bred gennemsejlingsåbning.

Det havde været hensigten at udvide spærringen med bomme, der skulle sikre Sønderborg-broen mod drivende miner, men pga. isforholdene blev det aldrig gennemført.

Denne spærring har åbenbart ikke været tillagt større vægt af den danske marineledelse, for i Generalrapporten s. 94 anføres: "Til Als

---

[RR] I Bjerg/Rechnitzer står 'jernbanelinien'.

Sund-Spærreforanstaltningen kunde ikke afses militær Bevogtning, hvorfor Tilsynet skulde udøves af Sønderborg Havns Personel."[106]

Spærringen blev tilsyneladende først fjernet i løbet af september 1940, da den er medtaget i EfS til og med 4.9.1940.

Planlagt spærring sydøst for Amager.

Den tyske frygt for at engelske ubåde skulle trænge gennem danske farvande fortsatte, for på et møde med Rechnitzer den 12. februar 1940 nævnte Henning, "(…) at man fra tysk Side meget gerne saa, at der mellem Drogden Fyrbaake[SS] og Landrevet blev spærret, enten med Netspærringer, som kunne faas fra Tyskland, eller med Miner. Alt med Henblik paa Vanskeliggørelse af engelske Undervandsbaades Passage, hvis disse kom gennem Flinterenden. Tyskland vilde samtidig anmode Sverige om Spærring af Kogrundsrenden."[TT]

I 'Generalrapporten' (s. 117ff) er der redegjort nærmere for den tyske henvendelse. Det fremgår heraf, at man i Kriegsmarine nu var klar over, at 2 polske ubåde var sluppet ud af Østersøen, formentlig gennem Flinterenden, og at de derved havde leveret bevis for, at der her var en gennemfartsmulighed.

Videre hedder det, at indtrængende ubåde efter at have passeret Flinterenden kunne lægge ruten nord om Drogden Fyr og derved krænke dansk territorialt farvand.

[SS] I Bjerg/Rechnitzer står 'fyrbanke'.
[TT] I Bjerg/Rechnitzer står 'K.........vandsrenden'.

Fra dansk side ville man imødekomme den tyske henstilling. Man bestemte sig for en kombineret mine- og netspærring.[UU]

Spærringen ville blive udlagt, så snart isforholdene tillod det, og spærringsmateriel var skaffet til veje, og der blev optaget forhandling med den tyske marineattaché om levering af ubådsnet.

Redegørelsen i Generalrapporten slutter med: "Inden 9/4 var intet Netspærringsmateriel leveret, og som Følge af Begivenhederne omkring denne Dag blev Spærringen ikke udlagt."

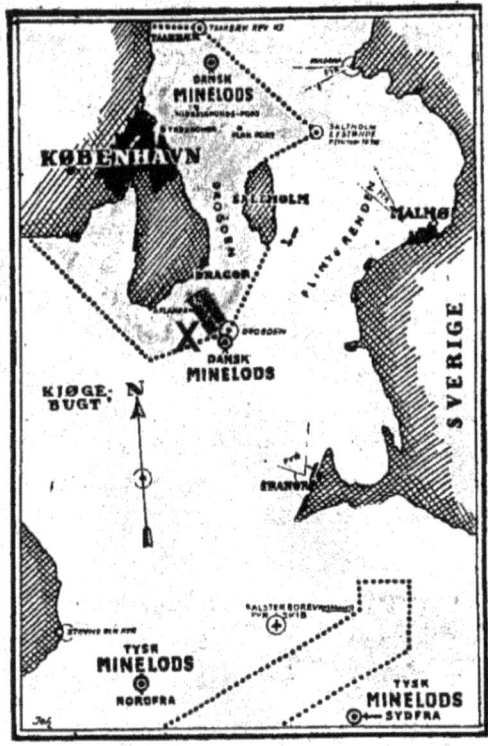

På kortet er afsat det område, hvor Drogden-spærringen skulle etableres (ved **X**). Desuden viser kortet Københavns Red, hvor der var lodstvang. Nederst er angivet en del af den tyske Sund-Sperre ('Undine') Rigsarkivet.

[UU] Af et referat af en samtale om sagen som Hammerich havde med afdelingschef i Udenrigsministeriet Nils Svenningsen d. 8. marts, fremgår det, at fordi der var risiko for, at en minesprængning kunne beskadige fyret, skule der udlægges net nærmest dette.

Kilder og anvendt litteratur.

Kilder.

Publicerede kilder:

Efterretninger for Søfarende. (EfS) Udgivet af Det Kongelige Sø-
kort-Arkiv. København 1884 –

Kriegstagebuch der Seekriegsleitung 1939-1945, Teil A. Bd. 1-71.
Werner Rahn, Gerhard Schreiber & Hans Joseph Maierhöfer (udg.)
Berlin/Bonn/Hamburg 1988-1997. (Findes også på internettet, Se se-
nere.)

Ministermødeprotokol: ministeriet Stauning – Munch 1933-40. v.
Tage Kaarsted. Århus 1984.

Den Parlamentariske Kommissions Beretning Bd. 1. Aktstykker.

Upublicerede kilder:

Rigsarkivet
Pontoppidan, Frederik Carl: Dagbogsoptegnelser med bilag (1928-
1953).

Rechnitzer, Hjalmar: Dagbog 1. september 1939 – 10. maj 1940.
(Dagbogen er af Hans Chr. Bjerg i 2000 udgivet under titlen 'Fra
neutralitet til besættelse'.)

Udenrigsministeriet 1909-45. Pakkenr. H 10-19, Jnr. 10. D. 42 a
Danmark: Sømilitære neutralitetsforanstaltninger 1939- 40. + bilag.

Håndskriftsamlingen XVI (Danica 203)
Tyske marines arkiv
Pakke/læg
Seekriegsleitung
4/97 KTB, Teil B III, Lageübersicht Ostsee 6.9. 1939 – 28.2. 1945

5/109 KTB Teil C III, Ostsee, Sept. 1939 – Okt. 1942

10/177 Minensicherung in der Ostsee 30.6. - 26.10 1939

10/178 Minensicherung in der Ostsee 3.11. 1939 – 1.9. 1940.

Marinegruppenkommando Ost

15/228 KTB des Generaladmiral Albrechts 23.8. - 15.12. 1939.

Forsvarets Bibliotek
Generalrapport for Sikringsstyrken 1939/40. (Findes også på inter-
nettet, Se senere.)

Bundesarchiv – Abteilung Militärarchiv, Freiburg.
Kriegsmarine
RM 7/1486 (Oversigt over tyske minespærringer)

Litteratur:

ANDERSEN, JENS: *Tysk invasionsforsvar i Danmark 1940-45.* Statens Forsvarshistoriske Museum og Museumscenter Hanstholm. København 2007.

ANDERSEN, STEEN: "Der er intet foruroligende for Danmark". Danmark mellem stormagterne frem mod 9. april 1940. Syddansk Universitetsforlag 2020.

BACHMANN, HANS R.: De polske undervandsbåde og deres indflydelse på den tyske søkrigsførelse i Østersøen under septemberfelttoget 1939. I: *Tidsskrift for Søvæsen* 1969, s. 282 – 291 og s. 329 – 350.

BACHMANN, HANS R.: Die deutsche Seekriegsführung in der Ostsee nach Ausschaltung der polnischen Marine im Herbst 1939. I: *Marine Rundschau* 1971, s. 197-224 og 273-282.

BECH, POUL: Søkrig i danske farvande under Anden Verdenskrig. Bd. 1. 1939-42. København 2008.

BJERG, HANS CHR./ RECHNITZER, H.: Fra neutralitet til besættelse. Viceadmiral H. Rechnitzers dagbog om flådens virke 1939-40. Udgivet og kommenteret af Hans Chr. Bjerg 2000.

BJERG, HANS CHR.: Danske ubåde i Østersøen. I *Tidsskrift for Søvæsen nr. 3-4. 2017*

BORCH, H: *Træk af Søminens Historie Fra 1583 Til 1945.* (1975) (Findes på internettet. Se senere.)

CHRISTIANSEN, JENS ERIK: Nysgerrighed kostede fire unge mænd livet i 1940. I dagbladet *Ny Dag*, Nakskov d. 27.6. 1990.

CHRISTIANSEN, JENS ERIK: Tyske raketbatterier på sydkysten af Lolland i 1945. Hvad var formålet? I *Lolland-Falsters historiske Samfunds årbog 2013* s. 85 – 96.

CHURCHILL, WINSTON S.: Den anden verdenskrig. Bd.1. Uvejret trækker op. København 1948.

HAHN, GÜNTHER ERNST: *Die deutschen Netzleger.* Wölfersheim-Berstadt 1996.

KUTZLEBEN, KARL v. et al.: Minenschiffe 1939-1945. Die Geheimnisumwitterten Einsätze des 'Mitternachtsgeschwaders'. Herford 1974.

Kystartilleriforeningen – Kystartilleriet/Kystdefensionen/Kystbefæstningen gennem 75 år. København 1984.

LIPSCOMP, F.W.: *The british submarine.* Greenwich 1975.

LIDEGAARD, BO: *Kampen om Danmark 1933-1945.* Gyldendal 2005.

NEWBOLT, HENRY: A naval history of the war 1914-1918. London u. år.

POULSEN, HENNING: Den anden verdenskrig. Bd. 1.: Hitlers krig 1939-1941. Gyldendal 1989.

RASMUSSEN, ERIK: Velfærdsstaten på Vej 1913-1939. I *Danmarks Historie, Bd. 13.(s. 44 – 53)* Politikens Forlag 1965.

SJØQVIST, VIGGO: Danmarks udenrigspolitik 1933 – 1940. København 1966.

Internettet:

The Polish Submarine Orzel: Legend of WW II. På:
http://crolick.website.pl/orporzel/ (benyttet 21.05.2019)

Generalrapport for Sikringsstyrken 1939/40. Juni 1943. Marinehistorisk Selskab og Orlogsmuseets Venner. Det orlogshistoriske bibliotek.
http://www.marinehist.dk/orlogsbib/g/Generalrap1939.pdf (benyttet 01.08 2019)

Kriegstagebuch der Seekriegsleitung 1939-1945, Teil A. Bd. 1-71.
https://opus4.kobv.de/opus4-zmsbw/solrsearch/index/search/start/0/rows/10/sortfield/score/sortorder/desc/searchtype/simple/query/seekriegsleitung
(Kan findes på internettet ved at søge på; seekriegsleitung kriegstagebuch) Lagt på internettet efteråret 2019.

BORCH, H.: Træk af Søminens Historie fra 1583 til 1945. 1975.
http://www.marinehist.dk/orlogsbib/b/borch-soemhist (Benyttet 22.09.2020)

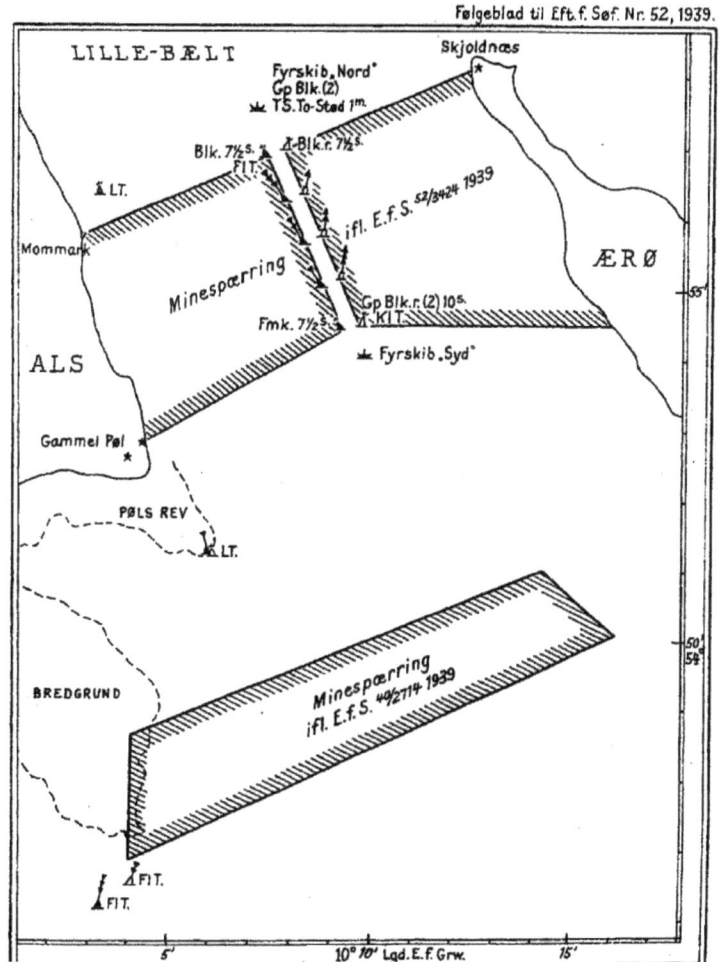

Kort over de to danske og et af de tyske spærreom-
råder i Lillebælt, bragt i Efterretninger for Søfa-
rende d. 20. november 1939.
Det tyske er angivet som en minespærring. Det var
en netspærring.

Det kgl. Bibliotek.

Noter.

1. Udenrigsministeriets Sømilitære Neutralitetsforanstaltninger 1030.
2. Oplysninger fra Libscomb og Newbolt.
3. Sjøqvist, s. 112ff.
4. Sjøqvist, s. 219f. (min oversættelse. JEC)
5. Sjøqvist, s. 221.
6. Skl, KTB A, bd. 1 s. 15E – 17E.
7. 15/228 KTB des Generaladmiral Albrechts 23.8. – 15.12.39.
8. Skl, KTB A 3.9.39.
9. EfS 4.9.29.
10. Skl, KTB A 19.9.39.
11. Skl, KTB A 26.9.39.
12. 4/97 Skl, KTB B III, 29.9. – 3.10.39.
13. Bachmann 1969 s. 338.
14. 4/97 Skl, KTB B III, 29.9. – 3.10.39.
15. Skl, KTB A 8.10.39.
16. Bachmann 1969 s. 341.
17. Bachmann 1969 s. 345 samt Orzel: The legend of WW II (på internettet)
18. Poulsen, s. 134.
19. 10/177 Skl, Minensicherung 30.6. – 26.10.39.
20. Skl KTB A 23.10.39 10/177 4/97 & Skl, KTB Teil B III, 18. – 24.10.39.
21. 4/97 Skl, KTB Teil B III, 18. – 24.10.39.
22. 10/177 Minensicherung in der Ostsee 30.6. – 26.10.39.
23. 4/97 Skl KTB III B 25.-31.10.39
24. 10/177 Minensicherung in der Ostsee 30.6. – 26.10.39.
25. 4/97 Skl, KTB B III 25. – 31.10.39.
26. 10/178 Skl, KTB B III Minensicherung in der Ostsee 3.11.39. – 1.9.40. Rapport 31.10.39.
27. Skl, KTB A 3.11.39.

28. 15/288 KTB des generaladmiral Albrechts 23.8. – 15.12.39.

29. Skl KTB A 9.11.39.

30. Skl KTB A 9.11.39.

31. 5/109 Skl, KTB C III, Ostsee.

32. Rechnitzer 16.11.39.

33. PKB, s. 179.

34. Skl, KTB A 16.11.39

35. Pontoppidan, dagbog 17.11.39.

36. Ministermødeprotokol 17.11.39

37. Udenrigsministeriet 1909-45.

38. Skl, KTB A, 17.11.39

39. Ministermødeprotokol.

40. Pontoppidan, dagbog.

41. Skl, KTB A, 18.11.39.

42. Skl, KTB A, 19.11.39.

43. Rechnitzer 20.11.39.

44. Udenrigsministeriet 1909-45.

45. Udenrigsministeriet 1909-45.

46. Udenrigsministeriet 1909-45.

47. Skl, KTB A, 21.11.39.

48. Statsrådsprotokoller. Litra L (s. 101 – 102).

49. Skl, KTB A 28.11.39.

50. Skl, KTB A 2.12.39.

51. Skl, KTB A 3.12.39.

52. Rechnitzer 5.12.39.

53. Udenrigsministeriet 1909-45.

54. Churchill s. 327, 367ff & 529f.

55. Steen Andersen, s. 113.

56. Steen Andersen, s. 116.

57. Bjerg/Rechnitzer s. 118.

58. Lidegaard s. 139.

59. Bjerg/Rechnitzer s. 57.

60. 4/97 Skl, KTB B III, 18. – 24.10.39.

61. Sjøqvist, s. 337.

62. Sjøqvist, s. 337.

63. Lidegaard, s. 139.

64. Skl, KTB A, 28.10.44

65. Christiansen 2013.

66. 15/288 KTB des generaladmiral Albrechts 23.8. – 15.12.39.

67. Skl KTB A 9.11.39.

68. Skl, KTB A 9.5.40.

69. Skl, KTB A 10.6.40.

70. Skl, KTB A 21.10 & 21.11.44.

71. Bachmann 1971, s. 199 & 276.

72. Hahn, s. 11 & 12.

73. Andersen 2007 s. 19, 48 & 84 og Bech 2008 s. 37

74. 10/177 Minensicherung in der Ostsee 30.6. – 26.10.39.

75. 10/177 Minensicherung in der Ostsee 30.6. – 26.10.39.

76. Skl, KTB A 3.9.39.

77. Kutzleben s. 29.

78. Christiansen 1990.

79. Skl, KTB A 13., 20. & 23.3.39

80. Skl. KTB A 18.12.39.

81. Kutzleben 1974 s. 30.

82. Kutzleben 1974 s. 30.

83. 15/228 KTB des Generaladmiral Albrechts 23.8. – 15.12.39.

84. Kutzleben 1974 s. 30.

85. Skl, KTB A 5. og 17.7.40.

86. Skl, KTB A 13.9.39.

87. Skl, KTB A 16 og 17.6.40.

88. Kutzleben s. 30.

89. 10/177 Minensicherung in der Ostsee 30.6.-26.10.39.

90. Skl, KTB A 19.10.39.

91. 10/177 Minensicherung in der Ostsee 30.6.-26.10.39.

92. Skl, KTB A 14.12.39.

93. Skl KTB A 24.7. og 6.8.40.

94. EfS 6.3.41.

95. Generalrapport s. 67ff.

96. Generalrapport s. 59 og s. 80.

97. Generalrapport s. 66.

98. Generalrapport s. 79.

99. Efter Borch.

100. Generalrapport s. 72.

101. Generalrapport s. 75f.

102. Rechnitzer 5.12.

103. Kystartilleriforeningen s. 174 & Generalrapport s. 96.

104. Skl, KTB A 2.4. 40.

105. Rechnitzer 5.12.39.

106. Generalrapport s. 94.